Good
Morning

親愛的＿＿＿＿＿＿＿＿＿＿＿＿＿：

展卷平安！您好，我是阿寶哥，真高興您能收到一份這麼棒的禮物！
相信這本書必定會為您的事業經營與人脈培養上，帶來有效的幫助。
送出這本書的人，是實踐了「付出者收穫」的精神；
他的友誼與真、善、美，值得你花一輩子交陪！

祝福二位事業連結能更加緊密，並希望你也喜歡這本書！

【本書作者】

ABoCo 沈寶仁 敬上

「付出者收穫」實踐者

＿＿＿＿＿＿＿＿＿＿＿＿＿＿＿＿＿＿

早起，把你的生意做大！

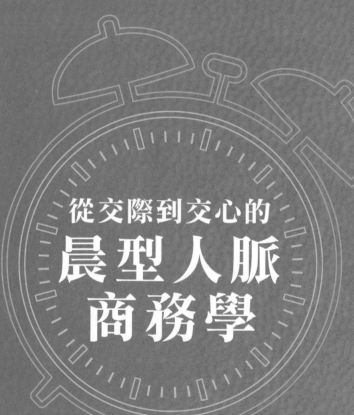

從交際到交心的
晨型人脈
商務學

晨型商務專家

沈寶仁 著

ABoCo

推薦序

BNI 創辦人
獻給台灣的祝福與推薦

BNI 創辦人兼首席前瞻長

Dr. Ivan Misner

　　身為全球最大商務引薦平台 BNI 之創辦人，透過一個正向有架構的專業引薦平台，傾力幫助所有會員壯大事業並與優秀的各界商務人士發展長期有意義的關係，已成為個人畢生志業。

　　歷經三十餘載之努力，BNI 在商務引薦領域獨領風，迄今已在全球各地建立了 8600 多個分會，協助 24 萬 2 千位會員拓展事業。在台灣，約有 100 個分會、3200 位會員，而台北市中心區是由沈寶仁執行董事（ABoCo）所負責領導營運。

　　ABoCo 在業界向以人脈達人著稱，現今更以結合 BNI 的早起文化，進一步成為晨型人脈的推動著，對於台灣和 BNI 都具有很大的影響力，卓具貢獻。今大作上市，樂為之序，衷心祝賀馬到成功。

As the founder of the business networking organization BNI, my lifelong mission is to help members increase their business through a structured, positive and professional referral marketing program that enables them to develop long-term, meaningful relationships with quality business professionals.

In the past three decades, BNI has been the world's leading referral organization and guided more than 242,000 members to expand their business in 8,600-plus chapters worldwide. In Taiwan, there are some 100 chapters and around 3,200 members. ABoCo is charge of the operation of the chapters in Taipei Central Area.

ABoCo is an elite and expert in social networking in the industry. Combined with the culture of morning meeting, ABoCo has been one of the advocates of the morning network building culture, and has been the leading influencer and contributor among Taiwanese industries and in BNI. Now, as ABoCo's latest book comes to the market, it is my greatest pleasure to wish ABoCo all the best with my foreword.

推薦序

ABC 人脈經營法
的串聯
威力無限大

前台灣區甲骨文總經理

李紹唐

二〇〇六年，當我還在中國擔任多普達通訊有限公司首席執行官兼總裁時，回台灣受扶輪社之邀舉辦的一場大型演講後，就收到一位聽眾透過電子郵件表達對這場演講收穫的感謝，經過郵件的幾次互動，我感受到這位年輕人的積極與熱忱，特別在當年十二月三十一日回台時和他見面交流，這位聽眾就是這本書的作者阿寶哥。

　　我很欣賞阿寶哥透過 ABC 人脈經營法把結識的貴人透過他的引薦串連起來互為貴人的方式，二〇〇九年我曾受本書另一位推薦人──育達商業科技大學唐彥博校長之邀到學校演講，就是來自阿寶哥的人脈推薦。

　　我近期正專注在培養企業二代振興家業的議題，期待能推動台灣的經濟復甦，共創富而有愛的商務天堂。看到阿寶哥的人脈經營方式從演講中的 ABC 陌生開發模式轉移到 BNI 深度經營模式感到開心，更期待透過這本書的出版，幫助更多向阿寶哥這樣不應酬喝酒的專業人士能逐漸轉型成為商務人士，進而提昇到商務領袖，一起改變台灣做生意的方式。

與阿寶哥結緣的故事請參考作者的網站

演講後 24 小時，主講者成為阿寶哥貴人的故事 —— 李紹唐老師
http://www.ABoCo.com/Blog/article.asp?id=352

推薦序

認識進階版的阿寶哥
——晨型人脈商務學

亞洲色彩國際企業有限公司董事長

台北市南鷹扶輪社創社社長

Catherine 周育瑾

「二年間，認識進階版的阿寶哥」。

首先要恭喜阿寶哥新書上市！身為好友的我，與有榮焉！

認識阿寶哥的人，大家都知道他是 BNI 台灣區的代表性領導者，也知道他是位「不應酬、無不良嗜好、不講花言巧語、守紀律、守時間、重承諾誠意的人」。只要他認定「對人有好的價值、觀念、可以幫助人做好生意的事」，他一定全力以赴。

記得當初認識阿寶哥，是在我辦的 VIP 派對裡，當時的印象非常深刻！我很欽佩阿寶哥很多特質，尤其「守紀律、守承諾、有誠意、認真付出」是我覺得當好朋友很重要的條件，唯有這樣才能長久，我相信這些特質也是阿寶哥在擔任 BNI 執行董事時帶給很多會員那種穩定、長久、信任、努力付出的特質！

阿寶哥在我創南鷹扶輪社時，比他預期提前近 10 年加入扶輪社。就因「用扶輪社的方式可以持續一輩子的友誼」。當初他加入時，成為我創社社友，我內心超級感動。「阿寶哥不喜歡虛偽，他都是來真的，他說的承諾抵過許多紙本合約書」，也因為他的誠意與友誼，為了不讓阿寶哥失望，我更鞭策期許自己成為跟阿寶哥一樣優秀的人。

近期的阿寶哥有所不同，改變以往刻板印象的「商務特質」，多了微笑、關心、開心，我很訝異問阿寶哥，你到底怎麼了？什麼改變了你與人之間變得更有溫度？他很有自信微笑跟我說：「還會再變更多」。

恭喜「進階版的阿寶哥」，出了這本《早起，把生意做大——從交際到交心的晨型人脈學》。唯「心」才能把人的「真、善、美」發揮出最大的特質，希望讀者能夠從阿寶哥的經驗學習，做對社會有貢獻更美的事，讓台灣更美好，生意自然而然就會跟著大！

推薦序

從交際到交心，齊國還在學

國際獅子會國際理事
典華幸福機構學習長

林齊國

認識人稱阿寶哥的沈寶仁多年，每每聽到他的新消息，都是阿寶哥又再發展出令人期待的新事物。從最早齊國熟悉的 ABC 人脈學，到現在 BNI 人脈經營，每一次的成長與轉換，都感受得到阿寶哥的與時俱進，也總讓齊國從中學習許多。

　　和阿寶哥一樣，齊國也認為，人脈經營非常值得我們投入心思關注；齊國相信，人與人之間的關係，並不僅止於商務上的往來，家庭也好、公益事業也然，任何我們接觸到的人們，都是我們生命中的寶藏，每一位都值得好好珍藏。

　　只是要如何從阿寶哥說的「交際」，提升成為「交心」呢？以往齊國以為，要走到交心的程度，必然是要相處很多時間，有非常多機會交換想法，才能做到所謂的「交心」；但是從阿寶哥分享給齊國的訊息看來，阿寶哥肯定已經有更有效率的方法可以引導齊國在內的每一位讀者，做到「從交際到交心」。

　　電影擺渡人中有一句台詞是這麼說的，「十年太長，什麼都有可能會變。一輩子卻太短，一件事也有可能做不完」，齊國感謝阿寶哥，這十多年來都沒有改變當初創業的初衷，持續的幫助我們「累積人脈和創造貴人」；同樣的，齊國更要為阿寶哥加油，因為「人」的事業是永無止盡的，也許真的一輩子也做不完，期待我們永遠都能在這花花世界中，看到那一位不喜歡喝酒、應酬，但是永遠充滿熱情的阿寶哥。

推薦序

Good morning
晨型經濟學！
每個人都可以當彼此的貴人

理財周刊社長

洪寶山

這本書的開場是這樣寫的：「累積名片越多，越有人脈嗎？絕大多數的人看著抽屜中（或手機裡）交換而來幾近泛濫的名片（名字），卻怎麼也想不起那人是誰、在哪裡認識的。」

你也有這樣的問題嗎？那麼介紹你一定要看這本《早起，把你的生意做大！》。

作者是沈寶仁，身為為科技行銷公司執行長、企業講師、名片管理榮獲國家發明專利的創業家、BNI 執行董事等職，他的人脈學是我見過最值得學習的。別人眼中的沈執行長，我叫他阿寶。

認識阿寶是在一次理財週刊的專訪時，當時採訪的主題是「名片管理有訣竅、沈寶仁教你當人脈達人」。那是第一次見面，對於阿寶能從一位很宅的軟體工程師、電腦講師，到成為人脈經營大師的阿寶哥，善用人脈翻轉人生令我相當佩服。

而他經營人脈的「時間」讓我更是印象深刻，是利用一大早，也就是他所標榜的「晨型人脈」。他在書上解釋說：「所謂晨型人脈，就靜態而言，就是一群晨型人相互結識連結所形成的人脈；就動態來說，就是利用清晨時光來經營人脈。」

沒錯，早起的鳥兒有蟲吃，阿寶在書上這麼說明：「由於晨型人的共同特質就是能對抗現代人慣有的生活習性。要能一大清早甚至在晨曦未明之際便起身活動，且持之以恆，需要高度的企圖心與堅強的意志力。」所謂近朱者赤、近墨者黑，如果我們能夠跟具有這些特性的人交友，更能激發自己的潛力。常與這類人士交往，自己也會越來越積極進取，擁有十足的戰鬥力。

於是，一個上班前的早餐會 B N I（Business Network

International）就這麼誕生了，一群專業人士利用早上的時間聚會，彼此之間以合作代替競爭，藉由專業「口碑式」的引薦，幫助會員增加生意機會，發展長期而有意義的商務人際網絡。這樣的商聚是一種晨型的經濟，具有時間效率且有價值的人脈連結網絡。

在這裡，價值是建立知名度的核心關鍵，個人具有專業知能，再善用人脈，把個人價值發揚光大，讓自己能夠成為自我的品牌達人。阿寶是透過 BNI 平台跟一群優秀的商務領袖交流互動，藉由 BNI 定期商務早餐會的分享、自我介紹建立信任感，讓貴人認同、累積貴人，進而使自己成為別人的貴人，並擴大經營人脈，讓一群人進入貴人圈。

「分享就是快樂的開始！」理周集團當年成立理善國際關懷協會，就是以「分享」的慈善救助理念為宗旨，讓每個人都可以當彼此的貴人。集團致力於推廣提升個人管理，完善財務自由，藉由財務自由，讓人生可以高枕無憂，若輔以阿寶這套善用人脈的方法，則能幫助更多人在事業上更蓬勃發展。就如阿寶在書中也說到的：「人脈的價值，除了受還有施，除了得還有給；施比受更有福，付出比得到更快樂。」

《早起，把你的生意做大──從交際到交心的晨型人脈商務學》是阿寶經營人脈有術的法寶，很值得跟讀者朋友們分享。我們常說「天下沒有白吃的午餐」，若把時間再提早一點，讓彼此能成為對方的貴人，一天正向而美好的連結就從早餐約會開始吧！善用人脈扭轉人生，現在，就讓我們來一場早餐約會，從與你的貴人道聲「Good morning！」開始吧！

推薦序

三創達人
——人脈大師

台北海洋科技大學校長
中華民國私立科技大學校院協進會理事長

唐彥博

　　與阿寶哥結識已二十年，期間他的人生三部曲為創意、創新到創業，故稱他為「三創達人」。他前後出版了兩本書《數位文件管理達人》及《把陌生人變為貴人》，此次大作為《早起，把生意做大——從交際到交心的晨型人脈商務學》。看到阿寶哥從電腦文件名片管理專家，到人脈經營講師、到商務人脈團隊經營教練的蛻變，透過書籍出版傳授讀者如何有效經營人脈，一本比一本精彩，可謂「人脈大師」。

　　阿寶哥自律嚴謹，創意無窮，為了精進人脈經營學，加入國際知名組織 BNI，遠赴美國、日本、香港等地接受商務培訓，擴展國際視野，並有獨到之見解。由於其經歷豐富與人脈廣博，且才華橫溢，故廣受邀請演講，媒合了無數商機，是位不可多得之人才。此次再出版大作，絕對是讀者之福，內容傳授如何經營人脈，積極擴展正能量人際關係，建構「合作產業鏈」，使商機從「偶然」變成「必然」。我極力推薦此書之優點有：

一廣：廣泛交友
二深：深化合作
三商：商機無限
四大：大有斬獲
五全：全展開展

　　相信此書能帶給想拓展商務人脈的眾多讀者不一樣的視野，藉此認識 BNI 的晨型人脈學，創造豐富美好的人生。

推薦序

走向
輕易豐盛的富貴道

BNI 台灣董事

謝聰評

　　身為 BNI 台灣第一位加盟人，我深信「幫助別人實現夢想，就可以讓自己美夢成真」——BNI 的核心精神「Givers Gain 付出者收穫」就是這句話的最好詮釋！

　　阿寶哥是我在台北市北區成立 BNI 分會最早期加入的會員之一，很特別的是，BNI 一個行業一位代表，當初以他的行業別：「人脈管理業」，是可以參加任何一個分會，不過他卻選擇創立一個新的分會，從第二號會員開始，建立自己的商務合作團隊，也因為他對 BNI 系統的認同與付出，當分會成立啟動時，一個人就邀約了六十位嘉賓，創下 BNI 來賓邀約最高紀錄，至今無人能破！

　　阿寶哥在 BNI 的資歷完整，從金質獎章會員、主席、大使、董事顧問到成為 BNI 台北市中心區執行董事，期間因為 BNI 獲得商業週刊等媒體的採訪報導，更透過《把陌生人變貴人》一書分享如何建立 BNI 商務貴人圈，對於 BNI 在台灣的發展貢獻卓著！

　　如何讓你的事業走向輕易豐盛的富貴道？ BNI 商務晨會是值得你深入了解運用的一項捷徑，期待透過《早起，把你的生意做大——從交際到交心的晨型人脈商務學》一書幫助你對於 BNI 晨型人有更完整的認識。

作者序

早起，
創造的驚人改變

——BNI 教會我的
進階人脈學

　　我的背景是一位電腦工程師，不喜歡喝酒、應酬，很幸運找到了一個人脈經營的妙方，只要 ABC 三個步驟，配合自己開發的人脈軟體，就可以累積人脈和創造貴人，於是阿寶哥創業了！

　　2007 年創業之初，我發現 BNI 會議的時間在早上，不用喝酒應酬，真的很適合我，在受邀當來賓觀摩正式例會後，立即申請加入成為 BNI 會員，在八年多的會員生涯中，BNI 會員引薦給我公司的業務超過公司營業額的 40％，對於初次創業的我而言，在業務的穩定與發展上非常有幫助。

　　除了業務的拓展，BNI 讓阿寶哥從「專業人士」變成為「商務人士」。當時在電腦應用領域投入十多年研究的我出版了一本「數位文件管理達人」，代表我是在這個領域夠專業的人士，不過現在看來這只是躺在書店角落的一本專業書籍而已！

　　由於 BNI 會員每週都可以跟不同行業領域的專家做一對一的深度商務交流，啟發阿寶哥這位專業人士更多商務模式的思維，從「數位文件管理」的專業聚焦成為「數位名片管理」，又轉化成為「數位人脈經營」，更進一步提昇為「建立個人品牌吸引貴人」。

　　當我出版「把陌生人變貴人」這本書時，新的商務思維幫助阿寶哥設計出一本「可以送禮」的書，啟發讀者想多買幾本贈送給自己的貴人，在專屬頁面寫下自己的名字與對貴人的感謝，再附上人脈軟體試用版與人脈課程券，讓書籍的價值倍增。

　　這本書不再是一本一本賣，而是變成十本、一百本配合阿寶哥演講一起銷售！創造上市 12 天，出版社就趕工加印二刷的記錄！過了一年，因為銷售還不錯，出版社更把書籍升級為精裝版本，售價提昇 15％！這就是一種專業人士所欠缺的商務思

維，思維的改變，不但提昇了價值，更讓專業得以發揮幫助更多人，這也是「商務人士」和「專業人士」最大的不同！

單打獨鬥創業後的阿寶哥在 BNI 建立了可以互相信任的商務貴人圈，對於事業發展產生莫大效益。我們知道如果要跟臺灣銀行等大型企業做生意，靠陌生開發是不太可能的。

由於 BNI 會員基於對阿寶哥的信任，覺得我的人脈培訓可以幫助臺灣銀行同仁提昇人脈經營價值，於是用個人的信譽引薦阿寶哥給臺灣銀行培訓承辦窗口，從一場演講的機會創造阿寶哥在金融業演講的好口碑，之後連續幾年都獲得臺灣銀行總行的邀請為即將升任分行經理及高階主管授課。因為有了在台灣最大銀行授課的資歷，其他本土銀行和外商銀行，也紛紛邀請阿寶哥演講或企業內訓。

再舉一例，每次 BNI 晨會都會有各行各業的來賓透過會員的邀請參加例會，有一次我的分會來了一位商業週刊的記者，參與會議後非常認同 BNI 付出者收穫的商務引薦模式，於是製作了一篇專題報導，阿寶哥當時擔任分會主席，我的名字就出現在商業週刊上，這個肯定，大大幫助了我在創業初期的事業發展！

從一位電腦工程師創業到現在可以帶領多個商務團隊運作，要感謝在台北市北區擔任會員時，謝聰評執行董事聘任我擔任 BNI 大使、董事顧問，讓我有機會幫助各行各業的商務領袖籌組合作團隊，以及前台灣董事 Andew 和 Jihong 夫婦授權我經營

台北市中心區，讓我得以透過 BNI 平台跟一群優秀的商務領袖合作，擁有更高更遠的視野與商務資源。

關於人脈經營的技法，從過去 ABC 人脈經營法的廣結善緣，到現在 BNI 人脈經營法的深度耕耘，兩種方式交錯運用，讓阿寶哥擁有滿滿的貴人緣，受到貴人們的提攜幫助，也成為眾多人的貴人；而關於人脈經營的心法，由於工程師的背景，過去只善於使用左腦理性分析，在上了恩師陳怡安老師的敏感度訓練之後，開始學習如何用「心」來經營人脈關係與帶領團隊，因為人們不會在乎你有多厲害，除非他們知道你有多關心他！

不管是心法或是技法，唯有廣泛給出去，才能發揮最高價值，因此，願透過 BNI 國際商務引薦平台協助更多商務人士建立商務貴人圈，讓 BNI 成為培育商務領袖的搖籃，創造富而有愛的商務天堂！

這本書的完成，要感謝 BNI 董事顧問郭敏華與陳英瑋，他們不僅協助內容的編修，更在台北市中心區籌組新的 BNI 分會。我們背景不同、專業不同，但是我們都看到 BNI 對於商務人士的價值，有著相同的感動與使命，渴望幫助更多有誠信、有企圖心的商務人士建立商務合作團隊，一起改變華人世界的經商之道！我們深深相信，今天有一群人同心合意的默默付出，明天一定會在台灣經濟復甦上看見開花結果！

這本書將與您分享阿寶哥創業後加入 BNI 超過十年來的啟發與轉變，幫助您也可以在這激烈競爭的商場上，透過與全世界 BNI 會員的合作，獲得源源不絕的貴人和生意！

ABoCo 沈寶仁

目 次

Chapter 1
晨型人脈學

Chapter 2
如何經營商務人脈

Chapter 3
系統化經營商務人脈：
BNI 晨型人脈的傳奇

Chapter

1

晨型人脈學

1.1

人脈
就是……

何謂人脈？如何衡量一個人的人脈有多成功？

累積名片越多，越有人脈嗎？

絕大多數的人看著抽屜中（或手機裡）交換而來幾近泛濫的名片（名字），卻怎麼也想不起那人是誰、在哪裡認識的。

其實，「人、脈」二字，已藏真義。

「脈」的本義是血管，是人體內的血液循環系統，是氣血運行的管道。沒有血脈即沒有生命，但重點不在於那管道有多粗多長，而在流通於管內的是什麼。健康的血脈代表著健康的身體，氣血不足，健康便出問題。

人與人之間存在著許多看不見的管脈，而佈散在人際關係中的管脈，交織成網，便形成了人際網絡，也就是所謂的人脈。以自己為中心播散出去的人際網絡，就是自己的人脈。

有了人脈，一旦生活或事業上有需要，往往就能很快的獲得支持與資源。從社群媒體上，我們可以見到有不少論及人脈價值的說法：

「事業之所以有成，15% 來自專業，85% 來自人脈。」
　　　　　　　　　　——戴爾 ‧ 卡內基（Dale Carnegie）
「一個人所賺的錢，12.5% 來自知識，87.5% 來自關係。」
　　　　　　——史丹佛研究中心（Stanford Research Center）

上述這些說法都在強調：人脈的重要性遠大於專業。然而，從我們的教育文化層面來看，能夠看到或是願相信這個環節的人，似乎不多。不論是家長或師長花費了近廿年的心力與財力，拚命要孩子們認真讀書，說的盡是書中自有黃金屋，書中自有顏如玉，彷彿只要書讀得好，便能前途似錦前程無量……殊不知，真正的寶藏並不在書本扉頁中，而在人際關係裡。

　　當然，人脈的疏與密、實與虛，可能是出於個人人生哲學的選擇，未必有對錯好壞。不過，如果以資源的角度來思考人脈的話，綿密豐實的人際網絡自然會有較多較好的資源流動，對於位屬中心的自己或是網絡中的其他人，都比較容易在需要的時候，能夠展現價值並得到支持。

　　可惜的是，很多人的觀念並不正確，以為認識的人越多，形成的人際網絡越廣大，就越有人脈；殊不知，人脈一如血脈，表面的廣大並沒有太大的價值，而是貴在其中所流動的真實。

　　據說在一場演講中，有位大學生向華倫 • 巴菲特（Warren Edward Buffett）提問，「你認為什麼樣的人生才是真正的成功？」這位舉世聞名的投資大師回答：「衡量自己有多成功，就看有多少人真正關心你、愛你。」

　　我認為這句話頗能道出人脈的精髓。

　　由此可知，人脈需要經營，但不是用「技巧」，而是用「心」經營。再美麗的燈泡也無法發出亮光，除非有電；同樣地，再高超的技巧也無法創造慈愛，除非有心。

　　人際經營一定要用「心」，心中裝滿真誠！千斗技巧不如一錢真誠。

人脈的重要

在現代社會中，人脈很重要，盡人皆知，殆無疑義。但究竟為什麼重要？「因為關係很重要，有關係就沒關係，沒關係就有關係」，這話人人都可朗朗上口，所以大多數的人對於人脈的價值，多半著眼於：有了人脈就有了關係，有了關係就能辦事順暢無往不利。這個看法大致來說並沒有錯，只是如果單從這個角度來看待人際網絡，不免太小看人脈了，人脈的價值遠大於此。

人脈的價值，除了受還有施，除了得還有給；施比受更有福，付出比得到更快樂。

接受與獲得的快樂

任何人都會在生活中遇到各種各樣大大小小的麻煩與困難，然而很多的麻煩事與困境，只要有對的人稍稍指點或略略使力，往往立刻搞定，省卻無數心力與時間的耗損。此等事例生活中俯拾即是，以下隨意列出幾個：

家人生病，一時間不知如何處理，若人脈圈有醫護人員……

就醫掛號，人滿為患根本掛不進去，若人脈圈有該院員工……

想出國旅遊，不知該去歐洲好還是美國好，若人脈圈有旅遊達人……

孩子讀大學選填志願，眾說紛紜，不知如何是好，若人脈圈有職場相關前輩……

年節送禮，想要送得得體又不傷荷包，若人脈圈對於禮品行業多有認識……

家裡想重新裝修，又怕被敲竹槓，若人脈圈有室內設計師……

類似的例子每天都可能碰得到，多不勝數，人脈的價值已無需言傳。

不過，有一項更重要的無形功能，尤其值得一提：擁有綿密紮實的人脈，對於知識拓展與見識提升，都具有無可比擬的價值。最高學歷叫「博士」，然而，一般對博士的養成，不但一點都不「博」，反而越讀越「專」（鑽），講求的是小題大作，把一個細微的問題，鑽到最深處，對於人類知識的累積或突破有其價值；然而在生活或事業的經營上，有更多需要跨領域的寬廣泛博，若要透過自己研讀各家學說，不知又要多少寒窗，但是擁有人脈者，常常在一席之間便成就了極大的知識交流與見識交換，千金難買啊！

給 予 與 付 出 的 喜 樂

「獲得」，很快樂，但「給予」卻是更深刻的喜樂。

一般人一談到人脈的好處，直接想到的多半是可以得到多少方便、多少協助、多少資源，其實，人脈更大的好處，是提供了人們可以付出的機會。

自我價值感是人類生存的基本需要，一旦少了自我價值感，

輕者抑鬱難舒消沈不展，嚴重者感到人生無味無趣更無意義，了無生趣，連生存意志都可能日漸消失。

　　現代社會憂鬱症、躁鬱症越來越普遍，其中一項極可能的原因就是人際連結過於薄弱，感受不到被愛，也看不見自我價值何在。而人際網絡最棒的一個面向，就是人們可以在其中看見他人的需要，看見有些事只要自己出一點小力氣，就能讓別人得到大幫助，從中看見了某種程度的自我價值。

1.2

關鍵
在信任，

施比受更有福

古人有言，人無信不立，絕非口號。

人脈之於人際，就像血脈之於人體，其重要性已是不言可喻。有人脈象強健有力，也有人脈象虛弱不堪，意味著健康強壯的身體是養護而來；同理，人脈也需要用心調理培養才能開花結果。

那麼，究竟應如何經營人脈，才能讓自己既有付出的喜悅，也有收穫的快樂呢？很多人一想到經營人脈，就想到交際應酬、喝酒送禮，殊不知，這些都只是表象的膚淺鋪陳，對於人脈的價值發展，助益有限。就像樹木，養分由根部吸收後輸送到整棵大樹，才能開枝散葉，如果植樹者盡在枝葉上撒水，而未就樹木長成真正需要的養分細心澆灌的話，自然看不到花木扶疏的成果了。對比到人脈的經營，也是一理。

首先有個基本觀念要先釐清。經營人脈，千萬別被數字騙了，以為結識的人多了，就自然擁有廣大的人脈。事實並非如此。認識的人過少，的確織不成網，但認識的人多，卻沒有真正的連結，有點無線，同樣枉然。

▲ 有點無線不成網絡

紮實的點加上紮實的線，才能織就一張綿密紮實的網絡。不管是網中的節點或是連線，如果質地空虛脆弱，隨時都可能碎裂斷開，而人際網絡中，每個點就是一個人，每條線就是一個連結，點與線都很重要，都要用心。

▲ 每個人皆是網絡中的節點

心中有了樹木長成與點線相連的畫面，就更容易理解接下來要談的主題了。經營人脈的關鍵一樣在於「根與養、點與線」。人脈之根在於心，人脈之養在於信。信任是滋養人脈的養分，而養分的發出與接收，都在於心。

我在網絡的中心，所做所為都關乎信任，都在讓對方了解我的誠信、相信我的確是可信的，而且必須是真實無偽、由心發出的，並能讓對方的心收到。越是發乎於心收於心，越是有豐沛的信任流動於連結中，人脈網絡便越紮實，越能成就許多原本不可能的夢想。

簡單地說，人脈經營成功的關鍵：真心誠信，心與心以信相連。

說來簡單，做起來……其實也不困難，如果我們掌握到關鍵秘訣的話。相反地，如果不了解箇中訣竅，會發現人脈的經營不但重重艱難，失敗的機率很高，更麻煩的是，通常會落得傷痕累累，對人對己都失去信心，越來越封閉，越來越不快樂。真正的人脈不是只能用來做生意而已，用真誠與信任織成的人脈，不僅

在事業經營上可以獲得直接的益處，對於個人提升心性成長、豐富生活、智識增長，都很有幫助；甚至是若有人想更大力的貢獻自己，通常也需要一群優質的盟友共同借力才能成就理想。

本書的目的，就在探討如何以最有效率的方式創造最有效益的人脈價值。

人脈經營的類型與特色

既然人脈如此重要、價值如此之高，一般人即使沒有意識到自己擁有怎樣的人脈圈，其實在生活中已經在不知不覺間做人脈經營了，只是自己未必清楚。如果不懂得掌握經營人脈的精要，往往用盡了心力，卻織出一張破洞連連、殘缺無力的網絡，尤有甚者，錯置重心用錯方法，不只有沒有產生良好的人際效果，更嚴重的是，往往教人傷痕累累身心俱疲，恨不能鑽進一個無人島，再也不要碰觸人際關係了……。由此可知，人脈經營稱得上是一門博大精深的學問，值得每個人深入了解。

放眼週遭，每個人經營人脈的方式各有不同，可以按人們相聚時的內容屬性或是時間來分類。根據內容屬性，人脈經營大致包括下列幾種類型：

一、公益型

為了公益的目的而聚集。社會上類似的團體很多，諸如世界展望會、心路基金會、伊甸基金會、創世基金會、喜憨兒基金會、

天使心基金會等等，不一而足。參與分子大多有著共同的社會關懷，渴望能為社會多做些什麼，貢獻自己是最大的喜樂。

二、社交型

歡樂是社交型人脈圈的主要目的，聚在一起沒有特定主題與目的，只要存在某種共同背景即可相約而聚。同學會、歡迎宴、餞別餐，或是三五好友臨時興起相約下午茶，都屬此種。

三、主題型

主題型多半也是興趣型，人們因興趣而聚在一起，像是高爾夫球、登山、騎車、繪本、讀書會、棋奕、電影賞析等等。

四、應酬型

在華人社會，餐敘酒敘是經營人脈很普遍的一種型式，其目的大多數是為了做生意，或是因著一些困難障礙，想要藉著酒酣耳熱，人與人間防衛下降溫度上升之際，對方能一臂相援慷慨相助。

這些型態的人脈經營方法都有其一定的功能，只是能否在每個聚會交往的過程中，創造出利人益己的最高價值，就是一門需要學習的學問了，也是本書想要探索的議題。

　　各種不同型態的經營方式，亦可按其所發生的時間點來分析，在相同的時間做不同的事情，會有不同的效果，更重要的是，相同的活動發生在不同的時間，會產生不同的效果！按時間來說，從最晚的宵夜型、晚餐型、下午茶型，到午餐型、早午餐型、乃至最早的早餐型。早餐型又稱為或晨型、早起型、或透早型（台語發音），具有其他時段無以比擬的效果與價值。

1.3

為什麼是
晨型人

　　所謂晨型人脈，顧名思義，就是在晨間所經營而得的人脈。乍看這名詞，或有一堆狐疑……人脈就人脈，豈會因是晨間、晚間或夜間而有不同？答案絕對是肯定的。因為晨型人與夜型人的確存在系統性差異。所以，在討論晨型人脈之前，就先來了解一下晨型人。

　　一般對於晨型人的理解，就是很早就起床開始一天活動的人。至於多早叫做早，倒是沒有定論，大體而言，清晨四到六點間起床的人，都可以稱為晨型人。過去沒有這個名詞，是因為大多數的人都在這個時間起床，對於與眾不同的人才會賦與特別的名稱，因此，過去有所謂的夜貓族；曾幾何時，人們平均睡覺時間越來越晚，人人都成了夜貓族，早早起床的人反而日漸稀少，如今才有了晨型人之謂。

　　當大家都習慣晚睡時，卻有一群人主張、甚至堅持要透早起來，是為什麼？每個人的原因可能互有不同，也許可以大約分別為兩大類因素：
- ‧身體健康
- ‧做事效能

早起增進身體健康

　　網路上很多文章都提到晨型人的概念來自日本，主要推手是「早起心身醫學研究所」的所長稅所弘，他積極鼓勵大家要做晨型人，因為「你的未來，決戰早晨」。其實，早起本來就是華人的生活哲學。

朱子格言開宗明義闡述：「黎明即起，既昏便息。」

戰國莊子言：「日出而作，日入而息，逍遙於天地之間，而心意自得。」

如此簡單的生活作息，可以讓人恣意享受逍遙自在的人生興味，而這種自由快意，的確是夜型人不易感受到的。

「早睡早起身體好！」──這句話人人都能朗朗上口，但這不是口號，是具有學理依據的。遠的不談，就説 2017 年諾貝爾生理醫學獎桂冠得主霍爾（Jeffrey C. Hall）、羅斯巴殊（Michael Rosbash）和麥可‧揚（Michael W. Young）三位美國基因學者發現「基因控制生理時鐘的分子機制」，讓世人再次注意到生理時鐘的生物節律。

他們利用果蠅分離出一個能控制日常生物節律的基因，這種基因編碼是一種蛋白質，在細胞中夜間增加、白天減少；換言之，控制生理時鐘的細胞分子運作和大自然的節奏是一致的。生物時鐘對於人的睡眠、體溫、血壓、激素和新陳代謝等生理現象或功能，都有影響，生理時鐘被擾亂，就很容易出現不適。這套理論和中醫的論述不謀而合。

中醫經典著作《黃帝內經》即詳述了人體的生理現象和晝夜節律的關係。日出而作，日落而息，就是一種順應天時的生活節律。根據中醫「子午流注」理論，日月變化使人體臟腑在一天 12 時辰（24 小時）產生不同的變化，每一個時辰都有一個臟腑「輪值」，應順應時辰的變化來進行養護健康的重要工作。

十二個臟腑分別是膽、肝、肺、大腸、胃、脾、心、小腸、膀胱、腎、心包和三焦，對應十二時辰。根據晝夜節律來「睡

覺」，對人體有很深的益處。一般建議人在晚上十一點前入睡，是因為根據中醫節律，晚上十一點到凌晨一點間，是人體陽氣潛藏的時候，在這時入睡可養護陽氣，使人在第二天醒來時充滿活力。而凌晨一到三點，正是氣血集中在肝經的時候，熟睡可以幫助肝排毒，如果這時候仍在清醒用腦狀態，就容易損傷肝經，造成眼睛發乾、頭暈和盜汗等症狀。

簡單地說，生理時鐘不但調控著作息，對於生理代謝、免疫系統、神經系統、精神與情緒狀態，都扮演著至關重大的角色，如果能在生活作息上配合大自然的節律，會對健康有很大的助益。也因此——早起，就是最重要的一個生活韻律。

早起助益做事效能

成功人士為什麼成功，永遠是一個令人備感興趣的話題。成就與努力成正比，投機偷懶都成不了大事，因此，成功人士必然比一般人更努力、工作時間更長，這似乎是一個相當合理的推論。然而，CEO.com 曾在二〇一五年調查了兩百五十六位 CEO 的作息時間，發現事實並非如此，他們的工作時間與一般人相仿，睡眠時間也沒有比較短，總體平均睡眠時間為 6.7 小時。

但有一點很獨特——這些已達 CEO 高位的成功人士，高達 80% 的都在早上六點或更早的時間即起床活動！這其中代表著重要的推論意涵：「CEO 並沒有睡得更少，但因配合大自然的節律，可能擁有較佳品質的睡眠，讓他們在起床後，可以神清氣爽，更快進入高生產力的生理模式。」

此外，這些接受調查的 CEO 多數表示，早起讓他們爭取到更多高品質的時間，所以即使手邊有很多待處理的瑣碎事務也不熬夜，盡量保持每天早起，這段不受打擾的時光可以產生比平常更高的生產力，除了清晨特有的清晰思慮外，讓人分心的事也最少，包括來自小孩、同事、下屬的打斷，以及來自 FB、LINE、E-mail、簡訊、微信等不斷閃插進來的訊息等等，這些現代生產力的殺手，在清晨最安靜的時刻都處於歇兵狀態，最有利於評估分析與決策。

從這個角度來說，晨型人每天的二十四小時的確在無形間擴增為二十六，甚至是二十八小時了。

這些早起的成功人士，不乏我們所熟知的人物，他們一大清早在做些什麼，以下將網路上的報導列出幾則供讀者參考：

蘋果執行長提姆‧庫克（Tim Cook），清晨三點四十五分起床，五點出現在健身館，是最早到公司的人。

百事執行長盧英德（Indra Nooyi），四點起床，七點前到公司準備一天行程。

維京集團創辦人理查‧布蘭森（Richard Branson），五點起床，早晨會運動、花時間與家人相處，他說：這讓我在上班前，保持一天思路清晰。

美國線上 AOL 執行長蒂姆‧阿姆斯特朗（Tim Armstrong），五點起床，閱讀吸收新知後安排健身運動，接著埋首新產品測試及回覆工作 E-mail。

星巴克董事長霍華‧舒茲（Howard Schultz），五點三十分起床，看報紙配咖啡掌握趨勢脈動。

　　Twitter 共同創辦人傑克・多西（Jack Dorsey），五點三十分起床沉思，接著出門慢跑，每天至少跑六英里。

　　Tory Burch 執行長兼設計師托里・伯奇（Tory Burch），五點四十五分起床，確認並回覆工作 E-mail，再去叫醒三個孩子，接著做快走運動並持續四十五分鐘。

　　前英國首相柴契爾夫人每天清晨五點起床。

　　迪士尼執行長勞勃・艾格（Robert Allen Iger）把鬧鐘定在四點三十分。

　　台塑集團創始人王永慶每日清晨四點起床，游泳、早操、跑步、讀書。

　　香港首富李嘉誠早上六點起床後先鍛鍊一個半小時，包括打高爾夫球、游泳及跑步。

　　以上很簡單地介紹了身為晨型人可享有的兩大好處，身體健康與行事效能。接下來就可進一步討論晨型人脈了。

1.4

經營晨型人脈
的優點

　　所謂晨型人脈，就靜態而言，就是一群晨型人相互結識連結所形成的人脈；就動態來說，就是利用清晨時光來經營人脈。晨型人脈與其他時間所經營的人脈有何不同？晨型人脈的經營，與其他人脈的經營又有何不同？

晨型人具鮮明的優良特質

　　美國網站 Sleep Junkies 針對一千位美國民眾進行調查，想要了解人們的日夜作息，研究結果赫然發現，起床時間與平均薪資呈現高度相關，不同時間起床，有著明顯不同的薪資水準。

五點起床的人，平均年薪高達四‧六萬美元（新台幣約一百三十八萬元）

六點起床的人，平均年薪四‧一萬美元（新台幣約一百二十三萬元）

七點起床的人，平均年薪三‧五萬美元（新台幣約一百零五萬元）

九點起床的人，平均年薪約二‧七萬美元（新台幣約八十一萬元）

　　也就是說，早晨六點以前就起床的人，平均年收入比上午九點起床的人，高出一‧九萬美元（新台幣將近六十萬元）！

　　除了客觀的收入因起床時間有別外，主觀的心理健康也有不同。在「評估心理健康」的項目中，將選項分為完全良好、多數時候感到良好、比較不好等項目，結果發現，認為自己「完全良好」的受訪者，平均醒來的時間是六點四十九分；自認「多數時候感到良好」的受訪者，平均起床時間是七點十五分；九點以後起床的人，則認為自己的狀態比較不好。

　　簡而言之，晨型人的平均薪資與心理健康都優於一般人。

　　由此略做推斷，晨型人的企圖心與生產力優於平均，與之共事或合作，有較高的機會取得較佳的成果。更重要的是，晨型人連結晨型人，由於都是企圖心旺盛人士，頻率相近，相互間更容易取得信任。信任是所有人脈的基礎，沒有愛與信任，就沒有真正的連結，好似無血流動的空管，不成血脈。

　　志同道合或是興味相投的人，最容易交流互融，見面才交談兩句，便一見如故，恨不相逢更早時；相反地，價值觀差異很大的人，對於人生、事業、生活的經營方式多半看法歧異，話不投機半句多，相處起來很是艱難，這應是所有人共同的體驗。

　　從小到大，從幼稚園開始、小學、國中、高中，到大學、研究所，等出了社會進了職場，不同的公司、不同的部門，再加上所加入的進修課程、各種社團，每個人都經歷了許許多多的團體，回想起來，在眾多人群中，我們所真正往來交陪的朋友，似乎都只占其中很小的一部份，看似錯過了很多人脈，但由於每個人習性不同、價值觀不同、興趣不同，方以類聚，物以群分，是再自然不過的事。

　　從此一脈絡來審視人脈的經營，就提供了我們一個很重要的

角度，人與人之間相互影響，近朱者赤，近墨者黑，不只是物理上的必然，也是人際關係的自然，我們與什麼樣的人交往，就容易變成什麼樣的人。

孟母就是深知其理，了解人際影響之深遠，最後把家搬到學堂旁邊才底定下來，孟子耳濡目染，也的確很自然學習到揖讓進退的禮節，後來成為僅次於孔子的一代儒家宗師，實有脈絡可循。

孔子也說：「益者三友，友直、友諒、友多聞。」有三種朋友值得深交，正直的、誠信的、博學多聞的。乍看之下，似乎是一種人際歧視，難道不具有這些品格的人就理應拒絕交往嗎？豈不有違仁愛之理、自相矛盾？其實不然，博愛天下仁愛世人，的確是應有的胸襟情懷，但是天下蒼生能與之密切交往的畢竟有限，仍應篤之慎之。

由於晨型人的共同特質就是──能對抗現代人慣有的生活習性；要能一大清早甚至在晨曦未明之際便起身活動，且持之以恆，需要高度的企圖心與堅強的意志力。如能讓自己先躋身晨型之列，並廣結晨型人士，就等於在人脈圈的佈署上奪了先機。

雖不敢說晨型人個個都是直諒多聞的三益友，但最起碼，旺盛的企圖心、意志力、自律力和堅持力，應已毋庸置疑。若能常與此等人士交往，我們自己也會越來越積極進取，擁有十足的戰鬥力。

至於其他時間所經營的人脈，當然也有其價值，只是比較難具有像晨型人脈那樣的自然篩選機制，所須投入的時間氣力以及所獲得的成果也不同。一般會在早晨進行的人脈活動，以運動類

最常見，像是晨泳、慢跑、爬山、晨間體操、跳舞等等，本書將焦點置於商務性人脈，也就是為了事業目的而結交與經營的人脈。

晨型人脈容易取得信任

晨型人脈的經營，比較容易獲得信任，不是因為晨型人易於相信別人，或者晨型人更值得信任，而是因為當雙方都是晨型人、在晨間進行交流時，雙方的屬性相仿，興味相投，處事的節奏感可能也比較接近，較易產生共感取得互信。而信任既是人脈的基礎，與晨型人共同交織形成的晨型人脈，自然也比較容易產生信任，讓整張人際網絡更容易產生密切流動，發揮最高價值。

晨型人脈無需喝酒應酬

在華人和日本人的社會中，很多商場交易或政治運作，都是透過吃飯喝酒的方式操作，當然在酒酣耳熱之際，的確較易卸下心防讓人際溫度升高，頗有其效；只是一逕採取此種方式，往往贏了政壇商場，卻輸了身體健康與家庭幸福，縱觀人生，其實還是輸家，畢竟健康與家庭是很多人打拚事業的目的，卻在缺乏智慧的人脈經營中成為俘虜而不自知。

晨型人脈的經營完全沒有這層副作用，沒有人在早上喝酒應酬。

晨型人脈行事明快效率較高

　　既稱晨型人脈，意味著許多意見交換、事情討論協商都是在晨間進行，而每個人都有自己一天的行程待進行，自然有時間限定的壓力，而且是雙方（或多方）共同的限制，在還沒有開始討論或運作前，每個人的心態已自然對準在同一個水平上，不像晚上的應酬，不太有共同的時間限制，常常吃完一攤還可以再續攤，可以慢慢磨，很花時間也很耗心力，但是相同的事情移到晨間運作，往往可以在較短的時間內即完成，節奏較明快，效率較高。

　　由以上簡單的分析說明，應可感受到晨型人具有成功必備的若干特質，而晨型人脈的經營也有不少好處，但其實最重要的，還是要回到經營人脈之所以成功的本質：真心誠信，心與心以信相連。

　　同樣是經營人脈，在杯觥交錯中，即使你對人以真、待人以誠，很有可能別人也不會當真，很難真實敞開自己，使得辛苦經營的人脈可能也只停留在酒肉朋友的層次，無法產生正面的效果與價值；晨型人脈則因除去了喝酒應酬的浮面摻雜，比較容易真心交陪，達到心與心以信相連的真實交流，而這才是真正有價值的人脈。

ABoCo 的人際錦囊

人際關係中的管脈，交織成網，形成了人際網絡，亦稱人脈。以自己為中心播散出去的人際網絡，就是自己的人脈。人脈有很多種不同類型，其中的晨型人脈，具有很多獨特的特性與優勢，像是晨型人多半擁有多種成功的必備特質，諸如企圖心、意志力、堅持力等等，與晨型人交往往也能提升自己的質量。

此外，晨型人脈因無須喝酒應酬，不但行事明快更具效率，而且因為特質接近，反而更容易建立信任，從而經營出心連心、以真誠信任連結的真實人脈。畢竟，人脈有多成功，取決於人際管脈中的關心有多少、愛有多紮實。晨型人的特質加上晨型人脈的經營方法，已使晨型人脈在經營人脈上擁有先天優勢。

Chapter
2

如何經營
商務人脈

2.1

基礎篇：
專業與誠信

　　怎樣的人脈算是成功的人脈？如前章所述，心與心以信連結的人脈，才是真正最有價值的人脈。有些人或許以為，這樣的人脈的確是很好的人脈，令人嚮往，但應該不是指商務人脈吧？畢竟商場如戰場，講究的是快狠準，能夠幫助大家做生意快狠準的人脈，才是好的商務人脈。

　　這樣的認知是有幾分道理的——Business is business。做生意不是玩遊戲，也不是辦同學會，其中多少爾虞我詐，多少陷阱欺瞞，多少單純樸實的人在商場上被人坑殺，不快、不狠、不準的人，就不可能成為功成一將，只能落在萬骨枯白的掩埋場。

　　的確，如果商場就是一場一次決生死的殊死戰場，「快狠準」，極其重要！然而，商場經營並不是一槍知勝負的決戰，而是一個日積月累的旅程，一步一腳印的築夢踏實，才是確保達標的最佳策略。所以殷實經營自己的事業與人脈，仍是商場致勝的不二法門。

　　經營商務人脈，本質上與一般人脈並無不同，但因為焦點在事業，有實質的交易發生，所以會有屬於事業經營特有的面向和重點，如果疏忽了這一點，不但無法經營出有價值、值得信賴的人際網絡，反而會毀害辛苦經營的人脈，未得其利卻受其害，不可不慎。本章即針對商務人脈的經營之道做一討論。

　　至於有哪些面向和重點是屬於商務人脈特有的？或者說，經營商務人脈與一般人脈最主要的差異是什麼？大體而言，至少有二方面是商務人脈所獨有的面向：

　　・講究專業與個人品牌
　　・重視知名度與指名度

經營商務人脈無非就是要拓展市場或自我行銷，因此，具備專業是最基本的條件，如果連最基本的本職專業都不夠，就不必談什麼人脈經營了，人脈拓展越廣，反而帶來越大的負面效應。

此外，在 ABC（AI、Big Data、Cloud）時代下，個人品牌的經營越來越重要。曾以「追求卓越」一書著稱之畢德斯（Tom Peters）竭力指出：二十一世紀的工作，已經從做一份工作、追求一個事業，轉變到建立一個個人品牌了。那是因為，在這個瞬息萬變的時代中，新的商品與模式不斷推出，原本穩定的商品與工作可以在一夕間消失無蹤，過去百年來找一份好工作或是經營一個賺錢事業的企圖心，已不足以支應職涯所需；現在需要的是：建立個人品牌的思維。

從代工到品牌，經營心態與模式是一個跳躍式的典範移轉，廠商在心態與認知上必須徹底轉變為品牌商思維：了解市場的需求，並明確界定產品的差異性與獨特性。同樣地，個人也是一樣，主體要從物（工作、事業）轉為人（自己），找什麼樣的工作、做什麼樣的事業，已不是重點，因為時代變化的步伐太快，所有的工作與事業模式都可能被新的發明取而代之，必須用心建立與經營個人品牌。此時個人也要有品牌經理的眼光：市場（職場）需要什麼？我的核心價值是什麼？有什麼獨特性？

不管要塑造的個人品牌是什麼，都要建立在專業與誠信的基礎上，這是不變的原則，也都需要建立知名度、甚至指名度，這就是經營商務人脈的策略重點了。以下將從基礎篇、策略篇、技巧篇來討論如何經營商務人脈，如何透過專業與個人誠信，在商務人脈中獲得知名度及指名度。

　　人活著，最怕沒有自我價值感，一旦陷入自我無價值的負面感受，很容易變得消沈悲觀鬥志不再；其實每個人都是無價的，生命裡蘊藏著至為珍貴的禮物，只是困於不認識自己、不知如何展現而已。

　　如果針對人際經營來說，有一項價值是必須活出來的：誠信！所有的人脈都以誠信為基礎，經營商務人脈，更是如此。不過在商務人脈中，除了誠信之外，還有一個不容或缺的要件：專業！專業加上誠信，是商務人脈中必須具備的基本價值。

專　業

　　先談專業。在商場上闖蕩，一定要對自己的產品瞭如指掌，不僅要清楚產品的功能效益，對於商品的成份功效也應力求了解；所有的買賣都以顧客為中心，站在顧客的立場思想，對顧客不利的商品不賣，對顧客無益的生意不做，不為成交而成交，只為顧客的好處而成交；如果本業為客戶提供的是服務，就要不斷追求服務技能的提升，追求高標準的客戶滿意度。

　　在商場上，有些人一心賺錢，即使商品會對顧客產生不良後果，也假裝看不見，這是黑心；有些人以為交易就是你情我願，一個願打一個願挨，這是不負責任；有些人認為我的責任到銀貨兩訖為止，之後的一切都不關我的事，這是冷漠；有些人對於所賣的產品是怎麼一回事都不知道，只是奉命叫賣，這是無知……此等態度根本連進入職場的資格都沒有，莫說經營人脈了。

　　在商場上要能長久活著、成功興盛，就一定要對自己的專

業，以高標自我要求，絕不容許自己心存馬虎。如果這一點達不到，就先回到原點搞定自己之後，再論人脈。

誠　信

在上一章已稍微提到，真心誠信是經營人脈的基礎，為什麼呢？聽起來似乎是很八股、老掉牙的論點，了無新意。然而，與其長篇大論說道理，不如先來看篇我從二○○七年第十七期的《讀者》雜誌上看來的小故事──《21份報紙》。

在那還流行看報的年代，我每天下班要繞一大圈去大馬路上買報紙，然後經過一條小巷子回家。巷子裡很多人擺地攤，十分熱鬧。有一天，出現了一位賣報的女人，三十多歲，騎著一輛老舊的自行車，車子後架有一個竹簍，放滿了不同類型的報紙。每天傍晚回家時，就會看見她站在小巷裡，時斷時續的喊著：XX報、XX報……讓我隨手可買上幾份報紙，不必再繞遠路出去買，方便多了。

賣報的女人看來有些病容，臉色顯得蒼白，只是取報遞報、收錢找錢，話少而沉默。一個星期五，風雨交加，我撐著傘狂奔回去，快到家時看見她正在屋簷下躲雨，報紙多半被雨給打濕，辛苦人的處境看了讓人不捨。

我走了過去：「我的傘妳先拿去用吧，我就住在這兒，下次再還給我就好。」她眼中有些驚異，但還是把傘接了過去：「我明天還你。」我從她的表情感受到了那未說出口的謝意。

後來漸漸了解一些她的情況。她原本在工廠當作業員，有個

小女兒，幾個月前失業了，迫於生活，就出來賣報補貼家用。有時，小女孩會在小攤前幫忙，很乖也很有禮貌。

我嫌每次買報找零錢麻煩，一次我就開口提議了：「我看這樣吧，我先給你一個月的錢，每天報紙我直接拿，免得找錢麻煩。」她微笑點頭答應了。

四、五天之後，我下班時，卻意外發現她的自行車小報攤不見了，正猜想著，就看到小女孩手裡拿著報紙氣喘吁吁地跑過來。「妳媽媽呢？」我發問，結果小女孩子結結巴巴地說：「我媽媽……我媽媽到另外的街上去賣報紙了，她說那裡賣得多。」小女孩喘了幾口氣接著說：「媽媽說你交了一個月的錢，要我每天把報紙拿過來給你。」我想這太難為小女孩了，說：「不用啦，沒關係的。」小女孩連聲說：「不行不行，我媽媽說一定要我拿給你。」

我心想，那女人或許是不想失去我這筆生意吧……可是要自己的女兒每天單只是為我這一份報紙特別來這等我，也實在太為難她了。我對小女孩說：「那這樣吧，我告訴你我家在哪兒，每天你只要塞到信箱裡就可以了，用不著在巷子罰站等我。」小女孩眼眶有點紅，對我點點頭。

接下來的二十天，果然每天傍晚回到家，就能看到信箱裡塞著的報紙，下雨天也不例外。第二十一天是個週末，我坐在沙發上看書，聽到門口有聲音，知道是那個小女孩來了，開門一看，卻看到女孩一臉憔悴，胳膊上竟戴著一截黑紗。我倒吸了口氣，急忙問：「這是怎麼了？」沒想到一聽到這句話，小女孩的淚水就簌簌的從眼中奪眶而出，哭了出來。

　　原來，小女孩的媽媽並沒有到什麼另外一條街上去賣報紙，二十一天前，她病倒了，但她一直記掛著對我的承諾——每天要給我送報紙。她在病榻上對小女兒說，答應了別人的事情，就一定做到，要女兒每天先到街頭上去買我訂的那幾份報紙，然後送來給我。小女孩淌著淚爆哭：「五天前，媽媽她……不要我了啊……」

　　看完這個故事，你有什麼感觸嗎？

　　如果你也覺得有一些感動，你一定能了解真心誠信的力量。

　　唯有觸動人心能讓顧客樂於買單，唯有真誠能觸動人心；長久不變的真誠化為信實，而信實的另一個名字就叫做「金字招牌」；換句話說，唯有這塊長期用真心誠信一點一滴打造出來的金字招牌，才能夠維繫顧客之忠誠於不變。

　　要經營商務人脈，專業與誠信是最低門檻，缺了其中一個，最好先退出商場，等自己準備好了再來拚搏。

2.2

策略篇：
故事行銷

有了本職專業與本心誠信，就有了自己的專屬價值，接下來可以進入策略面，思考如何能將個人的專業與誠信表彰出來。這就好比商品與行銷，有了一流的商品，如果不懂行銷，也只能孤芳自賞，既無法找到顧客、也無法讓顧客享用我們的好商品，徒呼負負。

故事行銷 —— 活出誠信寫成故事

過往在網路尚未崛起的年代，大眾媒體似乎是唯一具有規模的宣傳管道，但是昂貴的廣告費讓中小企業普遍無力支應，使得大者恆大，小者恆小。但現在不同了，高度的網路普及率，加上自媒體大行其道，反而讓過去獨霸一方的電視報紙等大眾傳媒的占有率快速流失。

制式的廣告已不具說服力，越來越多原本默默無聞的產品，卻在一夕間成為亮眼吸睛的商品，而它們最大的共通點就是——「故事」。似乎每一個成功的事業都擁有各種令人樂於傳頌的故事。其實，故事和兒歌一樣，本來就是最容易流傳的，台灣民眾不管在台灣的哪一個角落長大，「哥哥爸爸真偉大」幾乎無人不會哼唱，「白雪公主與七個小矮人」似乎無人不知不曉，就是因為它們是兒歌、是故事，天生就是要述說傳唱的。

做生意又何嘗不是如此？我們的商品再優良、顧客再滿意，也沒有誰會整天沒事就把我們的商品有多好掛在嘴上，除非，裡面有故事！人人都愛聽故事，就讓人人都愛說故事。唯有故事能讓自己的形象、專業、品牌輕易傳唱千里，這就是所謂的故事行

銷。而且行銷標的不只商品而己，在「故事」中可以傳遞公司的理念和願景、形象與風格，更重要的是，透過故事的發生，建立與顧客間真實的連結，讓顧客變粉絲，保有長期的忠誠。

說來容易做來難，絕大多數的產品都是平平實實做出來的，既沒得過什麼國家品質獎，也沒經過什麼驚滔駭浪般的轉折，哪來的「故事」呢？難不成，要去編造一個嗎？萬萬不可！前面才說到，誠信是最基本的門檻，所有傳揚的故事都必須是真實的。

其實，答案很簡單，過去沒有故事，就從現在開始創造故事寫故事！故事行銷既然是最上乘、最有效、也最輕省的行銷法，就要有意識地在生活中「寫故事」；既然故事不能杜撰，那就真實地活出故事來。

一般而言，故事內容無所限制，可以來自創辦人、產品特色、經營策略，也可以來自廣大的庶民顧客。以下任舉數例：

以 創 辦 人 為 故 事

連續好幾年入圍台灣百大旅遊景點的薰衣草森林，其廣為人知的故事，就是創辦人詹慧君和林庭妃兩人與園主一家人，從除草、搬石、到種花、蓋屋，全部親手打造，渴望讓客人能用全身的感官去感受自然，享受簡單樸實的寧靜——這個親手打造整個花園的故事。

以理念為故事

　　台灣餐飲業者第一家登上「米其林指南」，2013 年被 CNN 評選為全球最佳連鎖企業第 2 名的鼎泰豐，除了「黃金 18 摺」的精湛廚藝之外，最被人津津樂道的，在於其關注員工的經營理念，鼎泰豐會請營養師調配員工健康午餐，還在每家店附近花錢租員工休息室，讓員工能躺著睡午覺，讓他們能以飽滿的精神服務客人；還安排視障師每週到店裡幫事先預約的員工按摩、樂活師每天到各店巡視，提供諮商服務。這樣的「故事」對於廣大的消費者而言，都具有認同效應，也變成最好的口碑素材。

以產品為故事

　　英國的豪華郵輪鐵達尼號建造完成時，是全球最大最新的郵輪，沒想到在首航途程中因撞及冰山而沈船，這個故事因著電影《鐵達尼號》（TITANIC）而廣為人知。很有趣的是，在實際打撈這艘沉沒海底 80 年的郵輪時，過程中的一個插曲，竟成為路易威登 Louis Vuitton 故事行銷的主角。原來，在一次探勘行動中，科學家從海底打撈起一件 LV 硬皮箱，撬開一看，裡面竟然連一滴海水都沒有滲進去。這個故事讓 LV 行銷力再上一層。

以顧客為故事

　　非一橋室內設計的客戶很喜歡主動引薦客戶，介紹內容或有

不同，但似乎都有一個共點：「他們很懂你喔，會很有耐心聽你說，就算你不太會說，他們也會慢慢引導你，先了解你的需求，才開始設計啦。」其實創辦人張志成並不是一開始就這樣的，在創業之初和這個行業許多年輕設計師一樣，自認擁有很多不凡的設計創意，想要在一個個接案中展現出來，才華綻放。直到一次，一位老太太找上他，完全顛覆了他的經營理念。

那位老太太以風中殘燭之年，請他設計「快一點」，而且有很多「奇怪的」堅持，一定要耐用、可以用很久，連地板都要求要用可以長久使用都不必修繕更換的花崗石，一問之下，原來這一切都是為了小孫女。

小孫女的爸爸家暴，媽媽把她送來老太太處躲藏，沒想到爸爸竟然找上門來使凶，她為了保護小孫女，偷偷買下了這個舊房子，想要裝修讓她有個安居之處；想到小孫女年紀還小，一定不會處理什麼壞了舊了還要修理更換之類的麻煩事，她自覺在世日子無多，無法永遠在身邊照顧她，所以東西一定要可以用很久很久……

志成聽著老太太的故事，感動莫名，茅塞頓開，「客戶的需求才是應該關注的核心，所有的創意巧思是為了滿足客戶的需要，不是為了展現『我的』特色，更不是為了賺錢。」這個與客戶間的故事，成為傳述非一橋理念的最佳故事。

活出故事的具體步驟

下列幾個具體的步驟，可以讓「活出故事」變得十分自然而簡單。請仔細思考並具體寫下來：

一、我希望自己在顧客的心目中是個怎樣的人？

例如：誠信的、認真的、負責任的、體貼的、行事周延的、令人信賴的……

換位思考：顧客需要什麼？有哪些作為可以讓人感受到上列特質？

要找到值得傳揚的故事，最簡單的方法就是換位思考，想想顧客最需要什麼？我們能做什麼讓他們感受到我們的真心誠信？

例如：提供顧客詳盡的資料、幫客戶做貼心易懂的分析、主動關心顧客的使用情況、產品設計以顧客為念、包裝或說明書都能顧及顧客的需要、隨時提供最新資訊……

二、創造與客戶互動的機會、創造口碑

所有的誠信與溫度，在人與人直接的接觸互動中最容易被感受到，只有當顧客有感才可能成為平常談話的材料，因此，要讓顧客感受我們的真誠、看見我們的可信任，最快的方法就是創造與客戶直接互動的機會，並把握每個機會注入真心誠意的關注與服務，創造口碑。

　　寫下每個值得記錄的互動過程，這便寫下了故事，不但每次互動可以創造一個口碑行銷，也讓故事行銷的素材源源不斷。利用社群媒體行銷，讓故事傳出去，讓自己的獨特優勢被看見。

三、複製到人脈中

　　上面提到的故事行銷，一般是指將產品與服務利用故事加以行銷出去的過程，其實在經營人脈上也十分適用，述說親身體驗是人的本性，顧客如此，朋友也不例外，上列流程一樣可複製到人際網絡中。

　　開始發想：我希望自己在朋友的心目中是個怎樣的人？

　　接著換位思考：他們需要什麼？有哪些作為可以讓人感受到我就是這樣的人？創造與朋友互動的機會，既然誠信與溫度，要在人與人直接的接觸互動中才容易被感受到，自然要多多與朋友互動，在互動中看見朋友的需要，盡力付出。

　　現代人都很忙碌，若不是刻意用心安排，朋友很容易漸行漸遠，從原本的人脈圈中消失不見，所以最好能用心刻意地安排在行事曆上。

　　當然，利用社群媒體也是一個不錯的方式，不過用心與誠意不能馬虎，如果只是每天發一則早餐文之類的方式，效果很有限，因為所有收到的朋友都「知道」那是公式與機械般的動作，並沒有真正的關心與在乎。

　　最後進行商務性口碑的創造，前面這幾個步驟，適用於所有人脈的經營，但就商務人脈而言，成效不會像顧客行銷那麼容易

看到效果，因為朋友不一定是你的客戶，未必有機會體驗你在商場上的真心誠信，所以很難在生活中成為商務口碑宣傳者。

　　要能有效做成商務口碑，參加商務性社群也許是最有效率的管道之一，只不過目前在社會上，各種不同的社團林林總總，各有不同的宗旨與目的，仍須因應自己的需要謹慎選擇，下章將進一步討論。

2.3

技巧篇：
打造個人品牌

有了專業與誠信的基礎，了解了故事行銷的威力，要進入技巧篇就水到渠成了，因為這些經營人脈的技巧並不難，只是需要用心投入、恆心持定，如果只是三分鐘熱度或是三天打魚兩天曬網，再高端的技巧也很難看到具體成效。這些經營技巧必須以前面談到的專業誠信、活出故事為基礎，如果沒有真的明白這兩個層面的核心價值與重要性，就不會相信這些不起眼的小技巧有什麼了不起，很難持之以恆。這個道理也就是所謂的「黃金圈理論」——不知 WHY 與 WHAT，所有的 HOW 都派不上用場。

以下將經營人脈的技巧做一簡要整理，若要更具體了解其中的細節，推薦讀者可去閱讀阿寶哥的《把陌生人變貴人》（布克文化出版）。

自我介紹

人脈經營技巧第一椿，就是自我介紹。我是誰？在做什麼？介紹自己實在是個大學問，從小到大，有無數的機會自我介紹，照理說應該是人人都嫻熟擅長的基本功夫才是，但事實不然，大多數的人在自我介紹時，多半簡單說一下自己叫什麼名字、頂多加上一句自己是做什麼的，再不然就是隨興之所至，想到什麼說什麼，很少人花時間思考：在商務場合（或其他任何場合）遇到陌生人時，我要說什麼做自我介紹？

這裡面反映出兩個事實：

第一、我們並不認為讓一位素未謀面的陌生人認識我是一件很重要的事。

第二、我們不相信自我介紹可以在如此短促的時間內發生什麼了不起的效果。

這兩個想法都是錯誤的信念，因為事實剛好相反。兩個存在巨大關聯與合作潛能的陌生人，若是這一次失之交臂，可能此生再無相逢時了。而這麼短促的時間，真的有可能讓自我介紹發揮效果產生價值嗎？大家應該都聽過「電梯簡報術」，利用電梯內相處極有限的時間內，都有可能引發出絕佳的商機，更何況是一般場合下的相遇呢？

我們可以說，經營人脈技巧的第一步，就是用心設計並練習如何自我介紹。在設計時有個小秘訣，就是先製作一份完整的自我介紹 PPT，不限時間，再來思考如何設計初次見面在短促時間下的電梯式自我介紹。在製作完整的自我介紹時，最主要的目的是幫助自己從事業或商務的角度，系統化思考與盤點：

- 我是誰？
- 我想要人們認識我哪一個面向？
- 我渴望自己在人們心目中的品牌形象為何？
- 我有怎樣的專屬價值？
- 我提供什麼商品或服務？它們的價值何在？
- 有什麼可以呈現出我的專業與誠信？
- 有哪些具體的真實故事值得述說？
- 我需要什麼資源或引薦？
- 如果有人把資源引薦給我，他們會得到怎樣的效益？

花點時間好好思考上列問題，把它們寫下來整理在 PPT 裡，有一天會用上的。更重要的是，自己可以隨時拿出來思考，因為隨著發展與成長，有些能力與價值會更加提升，也有更多更棒的故事值得行銷，所需要的資源也可能有所變化。這份 PPT 是建立個人品牌的利器，值得投資心力與時間好好完成。

透過這個思考歷程，對自己認識更深，讓個人品牌形象的輪廓更清楚，也更知道自己目前最需要的資源是什麼，在電梯式自我介紹時的重點，相對而言就比較難掌握了。

電梯式自我介紹之基本觀念

在說明電梯式自我介紹的技巧之前，有幾個基本觀念值得先了解。

一、目的在引發進一步認識的興趣

既稱「電梯式自我介紹」，就知道時間奇短，不可能完整傳達我的專屬價值與品牌，所以重點絕不在於讓對方了解我。此種電梯式的自介目的只有一個：引發具有潛在商機者想要認識我的興趣，創造接下來進一步探詢談話的機會。

所以，如果電梯式自我介紹做得很到位，而對方對我的專屬價值依然不感興趣，這也是一個成功的自我介紹，因為不會浪費雙方投入更多的商務時間（這是針對商務、商機而言，當然還是可以發展其他志同道合的連結，只是不屬本書討論的重點）。

二、重點在介紹事業與價值，不要賣產品

　　電梯式自我介紹必須準備多個版本，因為商場上會遇到各種不同的人物，而我們自己本來也具有很多不同的特長，也許雙方在銷售的商品上沒有交集，卻在我能提供的價值上有交會，所以要備好多種不同的版本，隨時因應對方的屬性而取用重點不同的版本。

三、時間限定在三十秒以內

　　三十秒看似很短，但是對於要創造對話來說，三十秒已經太長了。

電梯式自我介紹的技巧

一、讓對方易於記住

　　「我叫敏秀，聰敏又秀麗的敏秀。」（在口語上要在兩個字眼上加重語氣，而不是平平帶過）
　　「我叫敏秀，敏銳洞察人的特質，讓每個人展現魅力一枝獨秀。」
　　「我叫敏秀，敏銳洞察人的特質，讓每個人都能秀出個人品牌。」
　　描述我通常是針對哪些類型的人、提供什麼樣的價值，例：

「我是個個人品牌顧問講師，幫助想要塑造個人品牌的人，很有系統地找到自己的獨特優勢，活出自己的品牌，讓人更有自信也更容易成功。」

二、我和其他競爭者不同之處、我的獨特優勢

例：「我不做制式化的分析、不套公式，而是從心出發，因為每個人都是獨一無二的，都值得量身打造一個自我品牌。」

三、目前正在尋找怎樣的資源

「現在希望能多安排一些演講，可以更有效率幫助更多人建立個人品牌」

如果目前只需要顧客，並沒有在尋找什麼特定的資源，就可省略。在一般情況下，應不必明言要求對方幫忙引薦客戶，一來是因為初次相遇，尚無交情，唐突提出只會令人覺得我們像獵人，反而引發負作用。

而且，在前面的介紹中應該已經很清楚說明了自己能對有什麼樣需求的人、可以提供什麼樣的價值了，如果對方原本就是一位樂於助人的人，自然就會想到是否可以為自己的朋友介紹你，或者為你介紹有需要的朋友；如果對方是自私自利的人，也不會因為這個請求就真的用心引薦。

試著埋個小梗，引發對方問我問題，創造對話互動。承續本例，可以如下安排：

「我是一位個人品牌顧問講師，幫助想要塑造個人品牌的人，很有系統地找到自己的獨特優勢，活出自己的品牌，讓人更有自信也更容易成功。不過我是不套公式的……」

期待對方能進一步問：喔？這是什麼意思？或者，喔？什麼是個人品牌啊？只要對方能提出問題，就讓雙方的互動、對方產生興趣的機率向前邁進一大步了。

四、勤加練習

完成不同版本的電梯式自我介紹的初稿後，多找些人來練習，並請求修正意見，使內容更完善。並要經常練習，熟以生巧，讓自己隨時都處於做好準備的狀態，而且要讓真實情境下的自我介紹完全自然，沒有半點背稿的樣子。此外，要明白一個道理：能讓人記得我們、有興趣認識我們、甚至信任我們的，絕對不是因為說的內容，而是我們的態度，要自信、陽光、熱情、誠意，當然，也要微笑。

如果這些都做到了，對方仍然意興闌珊，恭喜你，這短短的交會讓你覺察：這個人不是我目前應該花時間交陪的對象。

名片管理

在交換得到新結識朋友的名片後，千萬不要落入「橡皮筋管理」，隨便丟在抽屜裡，每張可能都代表著一個寶貴的連結網，最好能立刻在黃金二十四小時就傳遞一個數位簡訊，表示認識對

方很有幸,並多帶一兩句針對對方個人的話語,以免對方覺得我們只是在丟罐頭簡訊,毫無誠意,就很難再續互動了。

舉幾個例子:「昨天很開心在 XX 地方認識你,你說到……令我印象深刻,十分佩服。」或是「你提到的……真讓我長見識」,或是「你的產業的確可以幫助到很多人,如果有朋友需要,我再介紹給你。」等等,每個人都可以可以舉一反三,自由運用。

慷慨分享

在日常生活中,只要我們用正面眼光看待萬事萬物,總有說不盡的感觸與心得,如果能養成大方分享的習慣,在每次分享時都會不知不覺中塑造我們的個人品牌,累積別人對我們的信任。而如果某些感受或收穫是屬於可以針對特定當事人時,更應慷慨回應。像是前面提到對新朋友的簡訊就是一個例子,其他如每天遇到的人、想到的同事朋友或客戶,都可以如是待之,讓個人品牌中的特質(諸如熱情、溫暖有愛、貼心周到等等,都是在前面的步驟中自己決定的)可以真實地展現出來。

積極經營數位社群

當時代巨輪轉到了數位化、社群化的年代,不管喜不喜歡、樂不樂意,最好的應對方法就是——以開放的心來接受,如果硬要逆著趨勢走,會發現不但難以與時俱進,也會與朋友圈脫節……因為當大多數人都在 FB、LINE、IG 之類的數位平台上交

流資訊，我卻執意不肯時，他們找不到我，我也越來越難找到他們了。

　　當然，如果無意經營商務人脈，也喜歡人際互動少一點、生活簡單一點的話，的確可以選擇停留在前數位時代的生活，簡樸度日，自在做自己，一樣很好。只是，如果要談商務人脈的經營、希望壯大事業的話，就必須秉持積極「入世」的方式，用心經營數位世界中的社群了。

　　如何經營數位社群，也是門大學問，不在本書探討之列，此際最要提醒的是，在數位社群中呈現的點點滴滴，都應與自己要想展現的個人品牌有關，生活的所有層面都可以是素材，只是永遠要注意所言所行都能展現自己的品牌風格，而不是自我拆毀。

　　舉個例子，很多人在 FB 上都很喜歡拍上館子的美食，偶一為之非常好，可是如果經年累月都是如此形象，在商場上很難贏得尊敬，也不太可能讓人相信這人是具有高度專業的。同樣地，如果在社群中經常批評抱怨，就等於用大聲公喊著不要靠近這個人，實在是大忌中的大忌。

ABoCo 的人際錦囊

　　本章從基礎篇、策略篇和技巧篇分別討論了經營商務人脈的秘訣，經營商務人脈必須以專業與誠信為前提基礎，缺一不足以成網絡。

　　在策略上則可利用故事行銷法，將個人品牌風格落實在生活中，透過一個個真實的故事案例展現出個人品牌，讓自己的專業與誠信能廣為傳揚。在具體方法上，則應珍惜每一個接觸的人與機會，創造未來合作的可能性，並積極經營數位社群，使社群成為最佳的宣傳平台。

Chapter

3

系統化經營
商務人脈：

BNI 晨型人脈
的傳奇

3.1

社群就是
人脈平台

想要拓展人脈，參加社團或社群應該是最快速的方法。目前全台正式的社團、協會就超過六萬多個，若再加上非正式的社群，更是不計其數，難以勝數了。社團或社群組織，有正式註冊、非正式聚集的，有線上、線下的，型態上更是形形色色多元繽紛，像是讀書團體、成長團體、知心團體、運動團體、興趣團體等等；很多屬長期性的，更多是少數人因著特定興趣而聚集，持續性較短。

而這些看似目的不同的聚會，卻都有著一項共同功能，就是提供了一個連結人脈的「平台」。因此，對於想要拓展人脈的人來說，社團社群無疑是能夠最快認識最多人的地方，只要掌握訣竅，運用得當，就能發揮借力的槓桿效應，以最小的力氣，獲得最大的人脈成果。

只是在加入前仍要慎選，因為所有社團社群的經營都需要信任，而信任的培養需要投注大量的心力與時間，如果選錯了社團或社群，金錢的浪費還在其次，最可怕的是一去不復返的時間投入。很多人花了長時間投入社群經營，最後卻因社群崩解，人去樓空，一切的心血付諸東流，寶貴的黃金歲月已然逝去，對於創業或事業正要成長騰飛的人來說，心上盡是說不出的痛。

社群人脈方興未艾

如何選擇一個適合自己的優質社團？第一項要有的基本認識是——組織文化至關重要。社團是人的聚集，人是來來去去的，而且每個人各有所學、各有所愛、各有所信，因此往往也各有堅

持，這麼多個性偏好都不同的人聚在一起，如果沒有嚴謹的組織文化，從一開始就註定要走向崩解滅亡。

所以，某個社團或社群值不值得投入，除了宗旨目的必須是自己絕對認同之外，首要了解評估的，在於其組織文化。組織典章尚付闕如、紀律規範鬆散疏懈的社團，不是一定不可加入，因為社會上絕大多數的社團社群都是這一類的，也發揮了一定的功效，像是可以一起從事共同的興趣愛好，例如運動、讀書、美食、享受歡樂時光……等，自有其價值。

只不過，若希望經營商務人脈，就不要寄予過高的期望，因為在非商務性社團涉及太多商業性色彩時，很容易被貼上獵人的標籤，反而容易失去信任。所以，參加這一類的社群，最好就單純盡情享受與眾人一起的成長與歡樂，若偶有商機出現就當成是意料外的禮物。

就商務性目的來說，社團可概分為四大類：
一、以公益服務為宗旨的社團：因參加者絕大多數屬於有一定事業基礎的商務人士，故亦可間接發展商機。全球最大的幾個社團大抵屬於此類，包括獅子會、扶輪社、同濟會、青商會等。
二、性質屬於同業之商業組織，如產業同業公會等。
三、不同產業的跨業聯盟商業組織，如 BNI。
四、其他。

在這些分類中，第二類的商務性組織，因屬同一產業，彼

此間可以集眾人之力，在與政府相關部門協商時，擁有較高的
bargaining power（議價能力），但是既屬同產業，表示很多成
員彼此間存在相當程度的競爭；而就高度重疊的客群來説，也使
參加者能拓展的人脈受到限制。

接下來將就第一和第三類與商務直接或間接相關的社團或組
織做一介紹，讓讀者更能區辨何者最適合自己的特性、最有益於
事業版圖的拓展。

3.2

國際四大
服務性社團

國際性的非政府組織，有四大服務性社團遍佈全球——扶輪社、獅子會、同濟會、青商會，其中扶輪社創立最早，獅子會規模最大。這四大社團在全球的分會數與會員數大致如下（註）：

· 獅子會：4.6 萬個分會、135 萬名會員
· 扶輪社：3.5 萬個分會、120 萬名社員
· 同濟會：約 27 萬名會員
· 青商會：約 17 萬名會員

如單就台灣來說，這四大國際服務性社團人數的會員數，總計約 10 萬人。既然是服務性社團，而非商務屬性的組織，基本上並不適合用以發展事業，不過，由於參加者很多都是各行各業的菁英人才，所以還是可以結識不少商務人脈，仍值得了解，以下即分別針對這四大社團的組織宗旨與特性做一簡單介紹，幫助讀者在選擇社團時有依據評估參考。

國際獅子會

國際獅子會（Lions Clubs International）創立於一九一七年，創辦人為梅爾文 · 瓊斯（Melvin Jones 亦常見譯為茂文 · 鍾士），總部設於美國。目前全球擁有四萬六千個分會、一百三十五萬個會員，是世界最大的服務組織。

國際獅子會的核心信念是「We Serve」（我們服務）——強調「我們」而非個人，強調「服務」而非獲取。

該組織之所以名為獅子會，一開始是基於獅子在人的心目中，擁有很多美好的正向特質，頗為符合立會的宗旨；兩年後，在一九一九年的年會上，一位來自丹佛的年輕律師 Halsted Ritter 起身發言表示，獅子這個名字的確代表了許多美好意涵，更重要的是這個名詞的五個字母 L-I-O-N-S，足能代表公民對所屬國家的真實意義：「尊重自由，運用智慧，增進我們的國家安全」（LIBERTY, INTELLIGENCE, OUR NATION'S SAFETY），讓組織的名稱有了更具體的象徵意義：

L 代表 Liberty（自由）
I 代表 Intelligence（智慧）
O 代表 our（我們的）
N 代表 Nation's（國家）
S 代表 Safety（安全）

獅子會的八大信條

獅子會的獅友們要遵守八大信條（道德規範）：
忠於所事，勤勉敬業，竭誠服務，爭取榮譽。
守正不阿，光明磊落，取之以道，追求成功。

> 誠以待人，嚴以律己，自求奮進，勿損他人。
> 犧牲小我，顧全大局，爭論無益，忠恕是從。
> 友誼至上，服務為先，絕非施惠，貴在互助。
> 言行一致，盡心盡力，效忠國家，獻身社會。
> 關懷疾苦，扶弱濟困，人溺己溺，樂於助人。
> 多加讚譽，慎於批評，但求輔助，切莫詆毀。

一九四五年，瓊斯以顧問身份代表國際獅子會出席加州舊金山的聯合國組織，可見當時已具有莫大影響力。瓊斯逝世於一九六一年，他的座右銘被許多熱心公益者爭相傳頌：「你無法走得很遠，除非你開始為某些人做某些事。」

（You can't get very far until you start doing something for somebody else.）

——梅爾文 · 瓊斯（Melvin Jones）

國際扶輪社

國際扶輪社（Rotary International），創立時間比獅子會更早，目前規模僅次於獅子會，計有三萬四千個分會、約一百二十萬名社員，總部設於美國伊利諾州埃文斯頓。

一九〇五年在芝加哥，保羅・哈里斯（Paul P. Harris）和幾位任職於不同行業的朋友，每週輪流在個人的工作場所定期聚會，便以「輪流」（Rotary）當做社名。至一九一〇年正式成立扶輪社全國協會（The National Association of Rotary Clubs），並逐漸推廣到美國及加拿大各地，會員被稱為「扶輪社友」（Rotarians），成為國際性社團，乃於一九二二年改名國際扶輪（Rotary International）。當時不少國際名人都加入該組織，諸如作家湯瑪斯・曼（Thomas Mann）、人道主義者史懷哲（Albert Schweitzer）和作曲家西貝流士（Jean Sibelius）都是扶輪社的社員。

扶輪社最主要的特色之一，是所有成員必須來自不同的職業，主要是鼓勵社員在各自的職業中提高職業道德，進而提供各項社會服務；另一個特色是各扶輪社每周利用一次的早餐、午餐或是晚餐時間舉行例行聚會，而例行聚會通常有兩項目的，一方面進行社交，一方面討論服務的機會與執行，聚會中經常邀請講師進行各種課題的演講。

國際扶輪的核心信念是「Service above Self（服務高於自我）」，與「They Profit Most Who Serve Best（服務最多，獲利最豐）」。

扶輪之宗旨在於鼓勵並培養「有價值的事業應以服務為基礎」之精神，特別是：

一、廣結善緣是為了有服務的機會
二、各行各業應取道德高標；有益於社會的行業皆承認其價

值；每位扶輪社員皆尊重其本身職業係一服務社會的機會。

三、每位社員皆將服務精神貫徹於個人、事業與社區生活中。

四、具有服務精神之商務與專業人士，透過世界性的相互聯誼，促進國際間之了解、親善與和平。

全球扶輪社員在事業與專業生活上，皆有應遵行之四項道德規範或稱四大檢驗（The Four-Way Test），也就是我們所想所說所做之前，都應先捫心自問：

・是否真實？
・是否各方都得到公平？
・能否促進親善友誼？
・能否兼顧各方利益？

國際青年商會

國際青年商會正式成立於一九二〇年，但其發展可追溯自一九一五年的美國密蘇里州聖路易斯市，當時一位名叫亨利‧吉森比（Henry Giessenbier）的青年，和朋友組織了一個「青年勵進會」（Young Men's Progress Civic Association），在「訓練自己、服務人群」的信念下，聯合年輕人一起為地方服務，做一個優良的公民，是為青商運動的起源。

後因積極推展各項社會服務活動，吸引了很多有志青年的參與，迅速成長，也得到社會更多的迴響與支持；一九一九年得到聖路易市商會的支持與贊助，改名為「青年商會」（Junior Chamber of Commerce），讓青商會推展運動逐漸擴大至美國各地。

一九二〇年，美國全國性的「青年商會」正式成立；一九四四年十二月十一日宣布成立國際青年商會（Junior Chamber International，簡稱 JCI），自此即以十二月十一日為「國際青商日」（JCI DAY），時至今日國際青年商會已成為全世界最大的青年組織。

青商會的宗旨在於結合有志青年，提供各種機會，使會員具備健全、端正的品格，發展領導才能，而且對社區、城市、國家及世界皆有公民責任感，肩負起社會責任，發展親愛精神，學習企業家精神，以促進人類生活、社會經濟及精神文明之進展。由於深信生命的意義非僅為工作，更有關懷、愛、參與、諒解與溝通，而這些最重要的元素，卻是學校教育很容易輕忽的，因此，青商會自我期許，能彌補一般社會教育中個人發展的種種缺陷，使世界達於和平親善。

基於其成立宗旨是以青年為對象，因此青商會成員的年齡介於十八歲至四十歲之間。目前已發展成為全球前四大服務性社團，分布在一百二十四個國家或地區，是歐洲委員會、聯合國經濟及社會理事會，以及聯合國教育、科學及文化組織之諮詢成員。每年十一月份召開 JCI World Congress 年會。

國際同濟會

　　國際同濟會（Kiwanis International）創立於一九一五年美國的底特律，目前總部設於印第安納州的印第安納波利斯，早先以關懷兒童為使命，現已將社會服務層面擴大至各類需要服務的對象。「Kiwanis」源於底特律地區一種印地安語，有「自我表達」或「表達自己的心願」之意，並含有「仁愛、智慧、熱心、服務、互助、同樂」的涵意，台灣取意譯而定名為「同濟會」，同心濟世造福人群，「哪裡需要服務，就服務那裡（Kiwanis is where a need is served）」，秉持一步一腳印的精神，致力服務社區，改造世界。

　　實踐營造「公共性」意識，是同濟會的社會服務理念，旨在發揮個人經驗、知識、時間及愛心給最需要服務的人們，凝聚力量舉辦有益於社會國家之活動，以拋磚引玉的方式引發共鳴，實踐「取之於社會、用之於社會」的目標。

　　同濟會的箴言：「我們建設——We build」，道出其一心服務的熱誠，強調其非貴族性的色彩，是一個普及化的公益社團，因為服務社會有許多方式，而且有很多社會角落陰暗面的問題，不是投入金錢所能解決，必須凝聚更多的人力共同合作，因此同濟會會員中有的投入財力、物力，有的則奉獻時間與心力，以服務需要的人。期以團體力量彌補個人能力所不及的事情，或是政府未能兼顧的軟硬體建設。

　　同濟會在台灣分為十七區、三百五十多個分會，是世界第一大區總會，捐款亦名列全球第一。每年選拔並表揚全國十大農業

專家，以及全國兒童守護天使，並舉辦全國傳統藝術兒童薪傳獎比賽、全國愛心餐等活動。總會有教育講師、e化講師、同濟記者等培訓，設「同濟大學」邀請專家學者做專題演講，以提升會員品質。

加入國際社團之效益

綜上所述，四大國際社團都屬於服務性或公益性社團，但宗旨理念與目標族群各有特色，想要加入的人可視其宗旨與組織特質，何者最符合自己的志向與興趣。不管選擇何者，由於都是國際性的大社團，具有一定的歷史與規模，因此如能用心投入，在下列各個層面應都能獲得一定的成長：

一、個人發展

只要用心投入，不管哪一個社團都會有很多機會操練，提升自己各種能力，包括溝通協調能力、領導力、表達力、應變能力，以及人際關係的各種技巧等等，以期在瞬息萬變的社會中達到終身學習的機會。

二、社群服務

當現代人生活的節奏越來越快、人與人的關係越來冷漠疏離時，越需要有人主動走出來發揮正面影響力；同樣的，個人要能

創造價值發揮影響力，越需要走入社群，但是個人憑著一己之力，所能服務的層面與發揮的力量都十分有限，如果能結合眾人之力，便可能發揮一加一大於二的加乘力量，而這也是服務性社團最大的價值之一。

三、國際連結

國際性的大型社團經常在不同的國家、城市舉辦活動，全球的會友都可以藉由各種世界大會或地區性大會彼此交流，結交國際會友，可以廣泛認識並結交來自不同民族、不同文化的朋友，對於個人人脈發展甚至事業發展的國際化也有實質性助益。

四、事業發展

服務性社團並非商務社團，並不適合直接發展商務關係，但是如果經營得夠深夠久，自然會發展出一定的關係與信任，再加上參與會務的過程中，有機會交換彼此的商業資訊與個人經驗，可以擴展個人在事業經營上的見識與思考角度，對於個人事業，或直接或間接、或多或少總會有一些幫助。

3.3

商務人士
專屬 BNI

　　前面所介紹的全球四大社團都是屬於公益性或服務性社團，具有公認的品牌價值，置身其中用心經營，自可獲得一定的學習與成長，又能貢獻一己能力於社會，都是很值得投入的社團。不過，因為是服務性社團，個人如果選擇加入，最好能抱持單純服務的心思投入經營，而不是掛羊頭賣狗肉，表面上做公益，內心卻是為了拓展人脈做生意，這樣的心態不但對所加入的社團是一種傷害，對於個人想要創造的信任也是一種損害，因為所有的居心不論如何掩藏，都經不起時間的揭露，所謂「路遙知馬力，日久見人心」，反而壞了自己的誠信，一無好處。

　　對於想要聚焦在發展事業的商務人士，BNI 是另一種值得考慮的選擇。BNI 是 Business Network International 縮寫，Business Network 可以翻譯為事業網絡或商業人脈，在台灣有人稱為「商聚人、BNI 早餐會、BNI 商務會議、BNI 商務晨會」，也是一個國際性組織，但與前面所介紹的四大社團不同，BNI 是一家公司組織，但是因採取會員制，商業模式看起來非常類似社團，是全球最大的商務引薦平台，使命是透過結構化的、積極且專業的引薦行銷平台，讓優質的商業人士發展有效且長期的合作關係，使其能增進業務壯大事業。

　　基本上，BNI 的會員是為了拓展商務人脈、壯大事業而加入，但是 BNI 的價值信念卻強調付出，「付出者收穫」（Givers Gain）是其基本理念，鼓勵會員在問收穫前，應讓自己成為一個無私付出的人，如此自可使獲得訂單成為一件水到渠成自然而然的結果。

　　BNI 最大的特色之一是其聚會時間安排在一大清早，六點

四十五分到八點三十分，當大多數人還在睡夢中時，BNI 的會員已經活力十足地聚在一起進行商務交流，正是標準的晨型人。選擇這樣的時間聚會有多種考量，其中最重要的一項是以此做為篩選機制，也就是說，願意早起且付諸行動的晨型人，本身已具備了一定的優良性格，如能相聚結合，將會是素質整齊的一個商務團隊，每個人成功的機率便同時上升了。

以下將 BNI 的歷史與運作做一簡要說明。

歷史與理念

BNI 創辦人 Ivan Misner 是美國南加大博士，專長於人際網絡，曾被 CNN 喻為現代人際網絡之父（Father of Modern Networking）。一九八五年，在加州所經營的管理顧問公司失去一位大客戶，急於尋找客戶與值得信任的合夥人，不意竟在一次聚會中獲得朋友引薦，從而引發他和兩位好友開始思考如何有效打造引薦網絡；不久後即將其構思落實，創建了一個口碑行銷、有效引薦的商業模式，稱為 The Network，並提出「付出者收穫」（Givers Gain）的觀念，是為 BNI 之濫觴。

Misner 所建立的組織模式擴展迅速，第一年就成立了二十個分會，至一九九一年體驗到該公司勢必會快速走向國際化，乃正式將名稱更名為 Business Network International，簡稱 BNI。至二〇一八年為止，分佈全球七十多個國家地區，八千六百多個分會，會員超過二十四萬人。

Misner 著書頗多，在其書中曾說了一個玉米田的故事，據

說「付出者收穫」就是來自這個故事的啟發。

在美國最大玉米州南布拉斯州，有一位農夫連續四年都得到玉米種植冠軍。記者採訪，想要探詢老農夫是不是擁有某些獨有的特殊種子。老農夫毫無隱藏：「是啊，我特別篩選出一些最好的種子沒錯，我會分送給鄰居一起種植。」

記者不解：「你既然分送給鄰居一樣的玉米種子，為什麼你種出來的玉米品質比別人好？」

「因為玉米的授粉常常是來自隔壁的玉米田，我的玉米田四周圍如果都是最好的玉米授粉源，那我長出來的玉米就是好的品種，只要再更努力一點，自然就會收穫到品質最好的玉米了。

「只是我分享給隔壁鄰居的玉米好種，他們都只留著自己用，沒有分享出去，其他的玉米田花粉比較差，配對出來的玉米就不會是最好的，所以得不到最好的收穫。」

這位農夫得到好種子，不藏私，慷慨送出去，反而讓自己成為最大的受益者，在商場何獨不然？如果每個人都先想著付出給予，最後真正收穫的往往是自己。這個理念成為全球 BNI 八千多個分會所共同奉行的不二信念。

運 作 模 式

BNI 是一個公司組織，但是採取會員制的經營模式。一個地區可以設立很多分會，每個分會都是由各行各業的代表組成，而且一個行業只能有一位代表。也就是說，某個產業一旦有人加入了（如會計師），該分會就無法再接受任何一位同業申請入會

了，因此在 BNI 同一個分會中「只有合作沒有競爭」。

　　BNI 的「產品」就是引薦，會員之所以申請加入，最主要的目的就是獲得商務引薦，因為當會員間對於彼此的專業與誠信取得信任後，就會全力以赴為其他會員做各式各樣的引薦。所以 BNI 對於申請者的首要基本要求，就是必須夠專業，因為既然一個產業只有一位代表，這位產業代表在分會中等於取得該產業的獨占席次，若是專業度不夠，無法贏得專業信任，其他會員也不可能為他做什麼引薦，以免傷了自己的人脈與信用。

　　所以一個不夠專業的會員，不但本身不會獲得滿意的引薦，對於該分會而言，也等於浪費了一個產業的席次，因此會員在本業上具備足夠的專業度是入會很重要的門檻。

　　除了必須夠專業外，BNI 審核新會員入會申請的門檻，還包括企圖心與樂於付出的意願或性格，因為 BNI 的基本使命在於構建一個相互幫助的平台，讓參與者可以彼此借力，增進業務壯大事業，如果缺乏企圖心，或是吝於付出，都會拖累整個平台的運作，反而成為阻礙分會成長的障礙。因此，這三招──夠專業、想做大、肯付出，可謂加入 BNI 的基本門檻。

　　雖然 BNI 是商務性組織，會員能夠直接切入商業，不必拐彎抹角踟躕迂迴，對於想要經營商務人脈的人來說，是最有效率的方式。不過，千萬別以為一旦申請加入便取得了成功的保證，如果加入 BNI 的人脈經營心態與方法未能抓到要領，沒有聚焦在商務並實踐付出者的精神，就不可能得到你預期的效益。

　　其實不管是參加 BNI 或是參加社團，都必須投入心力與時間來經營，如果只是行禮如儀，出席露臉，永遠不可能產生任何

效果，因為沒有真心投入所得到的關係，既淺且薄，很難產生信任；而所有的引薦都是以信任為基礎，沒有信任就沒有引薦，這是定律。

如果不能體認這個道理，加入任何社團或組織，不管是心態或是實際行為，都僅止於參加而未參與，或是參與而未投入，以致於耗了心力花了金錢，卻始終無法獲得他人的信任，是沒有辦法得到預期獲益的。

簡單地說，要在任何關係、社團、組織中獲得想要的人際關係，唯一不可少的一件事，就是贏得信任。

然而，贏得信任實際上卻又是最不容易的一件事。即便我既專業又誠信，卻因難以具體量測，很難立時判斷，因此，如何能讓我的可信任被看見？也許是經營商務最關鍵的議題之一。

而 BNI 最重要的價值也就在此了，BNI 透過幾種方法，幫助會員快速而且有效地讓自己的信任被看見，讓信任具體顯明出來。這些方法包括「人在、心更在的出席」、「專業又聚焦的三十秒商務簡報」、「一對一會深度會談」、「帶來賓為團隊做關係引薦」、「接受商務培訓」等等。這些具體的方法，能夠讓每位會員是否可信，清楚呈現，亦稱「五式」，在後面的章節中將詳細介紹。

- BNI 的三招是基本門檻：夠專業、想做大、肯付出
- BNI 的五式是成功祕訣：出席、培訓、一對一、帶來賓、
  給引薦

BNI 與社團

　　BNI 採取會員制,乍看之下,與社團十分類似。然而,不管是就組織體制或是實際運作來說,BNI 都不是社團。就組織體制來說,BNI 是公司,要繳納營利事業所得稅,所以不是社團。就實際運作來說,BNI 更不是社團了,以下做一說明。

　　對於一般性的社團來說,只要有固定比例的人固定能夠出席,基本上已能確立社團不倒;如果在出席之外,再加上每位會員都能夠展現精彩的商務專業簡報,就可以稱這是一個優秀的商務社團;但是這些仍不足以建立最重要的信任。

　　為了讓會員間快速了解並產生信任,BNI 會員至少有三項承諾,除了出席和每週三十秒的商務簡報務,還有一項:每週至少找一位會員做一次一對一深度會談。透過一對一對談,才能深入了解對方的專業與優勢,才可能在信任的基礎上建立長期有意義的關係,為對方創造關係引薦、業務引薦和合作引薦。

　　有彼此承諾的團體才可能變成一個信任的合作團隊,簡單地說,BNI 的會員彼此有三項基本承諾:

- 出席(建立最基本的信任)
- 專業又聚焦的三十秒商務簡報(展現專業建立信任)
- 一對一深度會談(深度呈現專業,並建立你所屬行業的商務引薦培訓系統)

　　正因為 BNI 將信任的經營建立了系統化的平台與流程,使

得原本可能需要經年累月才能產生的信任，可以比較快速而有效地達成，而會員在達到互相了解及信任後，很自然就會引薦各自的人脈關係。很多會員發現，加入 BNI 經營一段時間後，就不再需要打廣告了，因為 BNI 就是最直接的業務引薦平台，效果可能更勝廣告。

國際社團組織參加成本一覽

本章所提到的四大社團與商務引薦平台，若要加入，其年度成本以下做一簡單介紹，供讀者參考（註）。

扶輪社：基本會費大約新台幣六萬到八萬，各社收費標準不同。如果加上參加活動的註冊餐費和捐款等等，一年大約須投入八萬到十六萬。

獅子會：基本會費新台幣三萬到五萬，各會收費標準不同。有些獅子會員一年會花十萬元以上在捐款和社交活動。

同濟會：基本費用約新台幣兩萬到三萬，未包含一些額外的樂捐和社交費用。

青商會：基本開銷約新台幣兩萬。不包含擔任理監事職務需要增加的額外費用。

BNI：入會費六千元，年費一萬九千八百元（此金額預計將在二〇一九年將進行調整）。每週餐費另計，多少錢視分會早餐會的地點而定，約三百至一千不等。

註：本章各社團數據資料取自網路搜尋，因出處不同時效各有出入，因此僅供粗略參考。

ABoCo 的人際錦囊

　　對於想要快速拓展人脈的人來說，參加社團無疑是最迅速而有效的管道，但是社團的宗旨與性質各有不同，必須慎選。本章介紹了全球最大的五個社團或組織，包括服務性的四大社團：獅子會、扶輪社、同濟會與青商會，以及一個全球商務引薦平台 BNI。

　　其中，只有 BNI 是屬於純商務性質的組織，可幫助會員快速壯大事業，不過必須投注心力與時間、並透過正確的付出者心態、利用系統化的流程，讓自己的專業與誠信具體彰顯出來，才會見到效果。

Chapter

4

讓商務信任
被看見的
五個秘訣

4.1

商務晨會：
人在、心更在
的出席

從本章開始，讓阿寶哥帶著你逐一了解 BNI 的「五式」能帶給你什麼樣實質的幫助，透過按部就班的落實 BNI 的商務交流技巧，一窺「BNI 晨型人」成功被信任的秘訣。

BNI 是在一九八五年由 Dr. Ivan Misner 創立，歷經三十多年在七十三個國家已經成立超過八千六百個分會，二十四萬位會員，一年間可以創造一千萬個引薦機會，產生超過一百五十五億美金的引薦金額，相當於四千八百億台幣，代表這是一個被驗證過，可以產生結果的商務引薦系統，造就 BNI 成為全世界最大的商務引薦平台。

在 BNI 的生意引薦，無須傭金與薪水，引薦是建立在信任的基礎上，透過三十多年的發展，BNI 已經將商務信任建立的過程系統化，透過本章節所提到的五個要點，不用應酬喝酒也可以得到生意，大幅縮短建立商務信任需要的時間，讓夠專業、想做大、肯付出的商務人士在一個行業（專業領域）一位代表的保障下，建立只有合作沒有競爭的商務合作團隊，實踐 Givers Gain 付出者收穫 的精神，享受每週、每月、一整年 BNI 帶給你的引薦機會。

什麼是 VCP

有句話説「有出席」才會「有出息」，是的！在商務信任的過程中，如果沒有出席，就沒有「能見度」，更不可能產生「信任度」，讓別人願意把背後的人脈介紹給你。

不過，只要有出席就會有信任嗎？

BNI創辦人Ivan博士把Visibility（能見度）& Credibility（信任度）& Profitability（獲利度）這三個英文單字整合起來，成為一新的名詞，稱為：VCP。

我們所做的每一件事都會產生「能見度 V」，不過有「能見度 V」一定會創造「信任度 C」或「獲利度 P」嗎？答案是：不一定！

比方 BNI 商務晨會在早上七點就正式開始，不過來賓可以提早十五分鐘在 六點四十五分就出席甚至在六點二十八分和會員一起先做交流拍打卡合照，如果身為會員的你是在七點才「準時」匆匆忙忙跑來簽到，而且衣衫不整，口中還有些微臭氣，雖然準時出席有了「能見度 V」，不過在會員和來賓的心中並無法產生「信任度 C」，甚至降低信任度，其他會員會想：如果介紹重要的客戶跟你見面，你會不會也這樣急急忙忙跑來赴約呢？

相對的，如果你在六點二十八分甚至更早就到達開會現場，並準備好稍後的三十秒商務簡報，神采奕奕的和來賓與會員交流，每週定期又持續展現「能見度 V」，就會逐漸增加 會員對你的「信任度 C」，等信任度累積到一個臨界值，就會產生「獲利度 P」，你的生意引薦就會陸續上門了！

我曾看到有 BNI 會員出門時發生交通意外，一般人可能會是直接取消後面的行程，但這位會員卻是盡全力排除意外狀況後來開會，雖然是遲到，但是他對商務晨會重視的態度已得到會員更多的信任。

你在 BNI 呈現的方式，就是別人認為你做事業的方式，如果你在 BNI 遲到早退，我介紹客戶給你也會遲到早退；如果你

對會員已約好要做一對一會談卻爽約，我介紹客戶給你也會爽約；如果你在會議中的三十秒每週簡報隨隨便便，我介紹客戶給你也會隨隨便便。

所以「出席」不只是「出現」，「人在」更要「心在」！

關 於 代 理 人

商務人士若接到國外的生意，出國不在台灣，要怎麼顧及 BNI 商務晨會每週的出席呢？

「代理人」對於一個事業想要做大的商務人士很重要，想像鴻海集團的郭台銘董事長如果沒有培養代理人，如何建立鴻海帝國？如果你的事業體沒有代理人，當你出國、生病或不在公司的時候，BNI 會員引薦給你的客戶要怎麼才能得到你公司穩定的服務？

提供幾種在 BNI 商務晨會你可以安排成為代理人的對象：

一、員工、同事、合夥人

當會員親眼看到你的員工、同事、合夥人跟你一樣優秀，而且可以代理你的職務，一定會更放心引薦生意給你，因為不是你一個人在單打獨鬥，你是有事業團隊的。另一方面，當你的員工、同事、合夥人看到你不只這一週參加 BNI 商務晨會，而是很有紀律的每週都跟一群正面積極的行業領袖為伍，看到你是這麼努力在為事業打拚，一定會對於你有更多認同與支持。

二、朋友

你的大學同學或過去的同事朋友多久沒有聯繫了？可能透過這次的邀約代理，讓他們更了解你現在的狀況，或許會產生過去沒有想像到的交集。另一方面，當你過去的好友若因代理更了解BNI 商務引薦平台進而加入成為會員，你們將成為連結更緊密的商務貴人。

三、供應商

當供應商看到你不只是一個行業在孤軍奮鬥，而是一群企業家在合作打團體戰，可能會開始授權給予你更多支持或更好的供應條件。另一方面如果你的供應商也成為你同分會的 BNI 會員，每週都會見面，相信你和供應商會有更良好的溝通跟品質控管，他和你的合作將會更密切！

四、潛在來賓

來賓最多可以受邀出席兩次 BNI 晨會，如果因為擔任代理人，就有更多次了解 BNI 的機會，更有機會加入你的分會，從來賓變成合作夥伴。

五、客戶

這是阿寶哥自認運用得最好的一部份，自從參加 BNI 後，我幾乎都排除萬難親自出席每次會議，如果剛好出國，我就安排最認同我的客戶當我的代理人，因為代理人要代理我講述我行業的三十秒商務簡報，我就請他們分享使用我公司產品的心得見證，我發現效果會比我自己老王賣瓜好得多。

另一方面，當我的客戶若喜歡上我的 BNI 分會也加入成為會員，他就是我每週都可以見面的「見證客戶」，如果有我的「潛在客戶」也到 BNI 晨會當來賓，我一定會當面介紹我的「見證客戶」給他，和「見證客戶」直接見面可以提昇對我更高的信任度。

六、親人

當你每週都有一天一大早，親人都還在被窩中熟睡，你就被夢想叫醒往 BNI 商務晨會出發，你的親人一定很難想像這是為什麼？就讓他們來一次擔任你的代理人吧！如果你的親人因此更支持你的事業和 BNI，相信這就是你拚事業最好的後盾！

ABoCo 的人際錦囊

請善用你的出席「能見度 V」，一次又一次提昇你在會員心中的「信任度 C」，累積足夠的信任，你就會開始享受 BNI 商務引薦的「獲利度 P」。

4.2

專業聚焦：
三十秒商務簡報

「專業人士」在技術、產品或服務上都能解決客戶的大小需求或問題，甚至可以研發出全新的產品，不過卻不一定能夠讓商品大賣！

「商務人士」則可以利用產品、技術、能力或資源的整合，透過各種方式獲利。

「專業人士」要升級成為「商務人士」，必需提昇一種能力，就是三十秒商務簡報！

如果有一天你在電梯中遇到鴻海集團郭台銘董事長，如何在很短的時間就讓郭董對於你的專業或服務產生興趣，想要約你進一步詳談，你公司的命運可能因此改變，這就是三十秒商務簡報可以產生的威力！

BNI 商務晨會九十分鐘的議程中，最吸引來賓的一項議程就是「三十秒商務簡報」，每位會員都要在三十秒的時間，拿著麥克風站起來，對所有與會人士簡報自己的專業、行業優勢、故事案例、提醒 BNI 會員幫你檢視背後有沒有相關的人脈，可以幫你做什麼樣的生意引薦！

很多專業人士覺得自己口才不好，甚至拿起麥克風就會發抖恐懼，腦筋一片空白，不知道要講什麼，初期對於 BNI 的三十秒商務簡報非常不習慣！有的人想要改變，花很多錢去上口才訓練的課程，殊不知提昇自己表達力最好的方式，就是加入可以每週操練、觀摩、培訓、學習的 BNI 平台。

BNI 讓專業人士可以每週面對一群商務人士拿著麥克風公開演說操練，還可以在每週會議中觀摩數十位不同行業的代表，把如何詮釋各行各業的優勢當成學習範例，更可以參加 BNI 會員

成功培訓，學習如何設計三十秒商務簡報的內容架構，為自己的行業擬定一年五十二次的商務簡報策略！你會發現，你的改變就在 BNI 晨會的潛移默化之中成長！

　　總有人問工程師背景出身的阿寶哥，為什麼拿著麥克風不只不會害怕，甚至可以侃侃而談？不是阿寶哥出生時就是天生的演講好手，而是曾在 BNI 商務平台擁有超過八年四百次以上每週三十秒商務簡報的實戰操練，和觀摩學習的經驗所累積！只要願意遵循後文所提到的心法、技法運作，相信阿寶哥能，你也能！

商務簡報的架構

　　如何架構一個「有效果」的三十秒商務簡報呢？

　　「我、優、你」是 BNI 台北市中心區商務培訓團隊郭敏華大使所研發的三十秒商務簡報設計架構：先透過五秒鐘說明我是誰，其中可以包含我的姓名、甚至用一句話來詮釋我的名字，讓聽眾一聽就印象深刻，或者提出業界封號，如：人脈達人，或是容易記憶又有押韻的 Slogan 口號。

　　接下來透過二十秒的時間說明產品或服務的「優」！可以包含我的服務項目、可以解決的問題、個人資歷、獨特優勢、可以創造的價值、故事案例與真實見證等。這部份是整個商務簡報最重要的核心。

　　最後再透過五秒鐘來做總結，說明就是因為我這麼「優」，所以「你」幫我引薦給誰是可以創造彼此都贏、互相加分的「三贏引薦」！

一個好的三十秒商務簡報是可以讓聽眾能產生行動的,在BNI商務晨會談生意可以非常直接又不須拐彎抹角,因此千萬不要省略「你」為我引薦這個步驟!

詮釋自己的名字

如何用一句話詮釋自己的名字呢?

- 陳良君:成功的樑上君子
- 陳士偉:成功的人是偉大的
- 劉凱軒:劉備凱軒歸來
- 莊育孟:莊子教育孟子
- 李原獻:李白碰到屈原,彼此交流有貢獻

- 陳伊瑩：成就他人，就一定會贏
- 簡瑞吟：「瑞士銀行」「簡」稱「瑞銀」
- 林書榮：我是林書豪的哥哥，林書榮
- 王仁豪：我是「人人都說好」的仁豪
- 吳貴能：烏龜能，我們為什麼不能（我的綽號是 烏龜）
- 王媚：我是「王」者風範、「媚」力四射 的王媚
- 何毅夫：我是「毅夫當關、萬夫莫敵」的何毅夫老師
- 謝秀慧：我是「秀出自己，活出智慧」的謝秀慧老師
- 吳美玲：我是在講師界有「黑美人」之稱的吳美玲老師
- 周春明：我是在講師界「足出名」的周春明老師
- 我是 Joe 姓詹：你可以叫我 Joe 讚！
- 陳巍中：直接唱歌 -「娓娓的中山」
- 沈寶仁：我是用最「省」的時間教你如何「寶」貴「人」脈的人脈達人！

　　你可以發現，學會用一句話詮釋自己的名字，不用五秒鐘，只要幾個字的組合就足夠讓對方對你的印象深刻！

　　你可能會很好奇，為什麼阿寶哥有這麼多姓名案例可以用來舉例？因為 BNI 商務晨會的來賓眾多，我當會員這八年多來，都會專注聆聽會員和來賓的自我介紹，有可以學習的地方，我就記錄下來，久而久之，我就變成一個三十秒商務簡報的高手，甚至還可以當講師來教學，這就是全程投入、用心參與 BNI 商務晨會帶給我最好的禮物！

設計你的業界封號

如何設計你的業界封號呢？

· 人脈達人
· 筆記女王
· 情歌小王子
· 婚紗小公主
· 汽車銷售天后
· 亞洲的喬吉拉德
· 徵信界的福爾摩斯
· 室內設計業的南丁格爾
· 醫美界的白雪公主
· 國際職場圓夢家
· 談判魔術師
· 律師界的金城武
· 印刷業的劉德華
· 保險業的林志玲
· 汽車維修業的郭富城
· 稻米界的王力宏

以上都是你可以套用的行業封號範例。成為 BNI 的會員，你千萬不要不好意思運用行業封號，因為你絕對是代表你行業在你分會的「唯一代表」，在你的分會，只要你夠專業，用什麼封號來形容你都不為過！

當你在 BNI 分會因為夠專業、想做大、肯付出而獲得更多生意引薦或成功案例，將會有機會獲得新聞媒體的關注，如果能跟阿寶哥一樣有機會讓專業的媒體稱呼你為「人脈達人」，相信在你的專業領域一定可以建立權威般的地位，對事業發展將有非常大的助益！

ABoCo 的人際錦囊

把你的 Line 名稱設定，改成業界封號，這樣你的每一次發言，都是一次能見度的累積，有助於建立你的個人品牌！

一句話展現專業

用一句話展現你的專業！

· 商務引薦找寶哥，人脈錢脈都收割！
  倍增客人與貴人，一定要找沈寶仁！
· 教育訓練找國華，人品財富都昇華！
· 選購珠寶找卡恩，光芒照亮你人生！
· 海外學歷找 Peter，碩士博士一定得！
· 保險規劃找 Anson，保障最大保費省！
· 生前規劃找靜彤，生後大事享尊榮！
· 法律問題找冠明、千方百計保障你！
· 外勞管理找嘉凌，公司資產加個零。
· 稅務規劃找輝霖、讓你稅金少個零。

一句能夠呈現你專業的記憶口號（Slogan），就能讓人潛移默化的記憶、彷彿被施了魔法般！

舉我的 Slogan 為例：「商務引薦找寶哥，人脈錢脈都收割！」第一句話先告訴你，我所從事的行業，服務項目就是 BNI 商務引薦平台；第二句話則是告訴你，當你找我提供這樣的服務，我可以讓你人脈、錢脈都收割。

第一句話，是我可以提供給大家的價值；第二句話，則是代表你選擇我的服務後會帶給你怎樣的好處，所以只要十四個字就可以把你的專業介紹搞定了。

我發現大多數我所認識的人，都已經把阿寶哥的 Slogan 深

印在腦海裡，所以當自己或朋友有想要更多生意的時候，就會與我聯絡安排觀摩適合的 BNI 分會。

因為 BNI 分會一個行業一位代表，如果安排到與你行業別有重複的分會，你是無法申請加入的，所以如果想要選擇一個可以加入的 BNI 分會觀摩，阿寶哥就能為你做最適合的安排。

後來我發現，大家只知道我叫寶哥，卻忘了我的本名叫沈寶仁，所以又幫 Slogan 多設計了一段下聯：「倍增客人與貴人，一定要找沈寶仁。」

加入 BNI 商務引薦平台後最大的好處就是可以建立商務貴人圈，於是客人和貴人就會急速倍增，所以想要增加客人和貴人，一定要找沈寶仁。這兩段 Slogan 共二十八個字，如果時間有限，我就只講上聯十四個字，如果時間多一點，就上下聯一起講，讓大家知道我叫沈寶仁。

有特色的 Slogan 能吸引貴人記住你，甚至自動找上你，你可以將 Slogan 放在平時的自我介紹之中，尤其是當自我介紹有時間限制，當麥克風傳到你手上的時候，第一句話就說出你的 Slogan，響亮的破題金句將讓你成為眾人目光的焦點，接下來再詮釋你的專業價值，說不定當你三十秒介紹完以後，就有人想跟你換名片，詢問你的產品服務、後續怎麼聯絡，商機就上門了！

那麼，響亮又易記的順口溜（Slogan）如何取？基本上可以就姓名做為聯想的出發點。用中文名或英文名當主軸來聯想，觸類旁通成為一句順口溜，並且要能結合自己的專業。例如：「商務引薦找寶哥，人脈錢脈都收割！」、「電腦急救找小賴，維修

服務我最快」。押韻會讓人好唸好記、朗朗上口。

「理財找銘隆，全家樂融融」、「理財找素卿，鈔票數不清」。

另外，設計的字詞要用正面來敘述，例如：「認識 Tina 楊，健康美麗不打烊」，就可以改成「認識 Tina 楊，健康美麗喜洋洋」。

在 BNI 商務晨會，我聽過上千位會員的 Slogan，記錄下來數百句值得觀摩學習的經典 Slogan，你可以到 http://OnlyYou.tw/QRcode/Book2（QRcode 圖示如右）觀摩後，再設計出自己專屬的 Slogan。

商務簡報的應用

BNI 台北市中心區的商務培訓力求務實有效，透過 三十秒商務簡報實戰班 來幫助會員具備有做好三十秒的簡報能力，還可以幫助會員的簡報內容週週不同，這是怎麼做到的呢？

最原始的概念來自 BNI 創辦人 Ivan 博士提出的 LCD（Least Common Denominator 最小公分母），就是把你的產品或服務分解為最小最簡單的元素，用一般人懂得的語言來描述這些專業範疇，像是一項產品或服務、目標客群、對消費者的好處、認證或獎項等。

舉例來說，對一位淨水器的業者而言，LCD 可以拆解為如下元素：

一、特點：免換濾芯、全機八年保固、每年定期水質檢測、
　　減塑環保、小分子水、天然礦物質、增強代謝力、不需
　　插電、解決氯的問題、酸鹼測試。

二、認證：SGS 國家水質檢驗、新北市政府工業之光獎、
　　國際生物能學會金牌獎、美國世界環保組織認證、元智
　　大學環科水中成份分析報告、台灣大陸免換濾芯專利、
　　臺灣螺旋多層礦物專利。

三、目標族群：有機店、室內設計師、水電業、居家服務業、
　　養身會館、企業福委會、餐飲業、有運動的人。

　　當有了 LCD 的概念，這位淨水機代表就可以在每週三十秒
簡報中輪流主打一項 LCD，以「有機店」這個 LCD 元素來說，
在「我優你」簡報架構下，「我」先說明「我是可以幫有機店增
加價值，創造更多業績的淨水機達人」，「優」則舉出你可以
為有機店解決的問題、可以創造的價值、甚至提出案例或真實見
證，「你」則再次強調請大家幫我引薦「有機店」並可以直接指
名要認識哪一家有機店的負責人。

　　「你越認真，別人就越當真！」阿寶哥發現有 BNI 會員會
把每週三十秒商務簡報錄製下來，然後剪接加上片頭片尾，並打
上字幕，放在自己的 FaceBook 或公司的網站做展示宣傳。

　　更有 BNI 會員把每週三十秒商務簡報的 LCD 轉換成一本書
籍的綱要目錄，在加入 BNI 一段時間就出版了一本代表自己行
業專業的書籍。

　　在 BNI 台北中心區推動三十秒商務簡報週週不同的政策，

對會員還有一項好處，就是讓 BNI 商務晨會呈現的內容更加精彩、因為與會者可以很有效率的在幾十分鐘就獲得數十個產業當週的最新情報訊息，BNI 晨會儼然變成一個各行各業資訊情報匯集的中心！

有一位 BNI 的中醫師代表最近出了一本新書，在書中提到「女性性功能障礙」的問題，一般人都會認為應該是男性比較會有這方面的問題，而這位中醫師為什麼會在書中談女性的這項問題，這會引起社會大眾的共鳴買書來細看嗎？這位中醫師很篤定的說，會的！因為她過去只要上媒體談到這個議題，後續影片的網路點閱率總是會特別高，因此她把這個議題放到書籍裡詳細探討。

BNI 商務晨會的三十秒每週簡報也是很好了解消費者意見的話題測試平台，如果你對數十位不同行業領域的商務人士講完三十秒簡報後，都沒有任何人有興趣想要找你進一步了解，代表你的 LCD 下週就應該要更換了！如果講完後引發很多會員及來賓都有興趣想了解，代表這個主題很值得更深入探討，甚至可以加碼去做關鍵字廣告行銷、出書！

在十多年前阿寶哥加入 BNI 時，每週簡報的時間是六十秒，現在 BNI 台北市中心區所有的分會都改為三十秒，原因是 BNI 商務晨會蓬勃發展，分會人數越來越多，如果每人都講六十秒，那九十分鐘的會議時間鐵定不夠用，因此有所調整。調整後發現 BNI 台北市中心區的會員公眾演說的能力越來越精準到位，原來要花六十秒才能呈現的專業範疇，現在只需要三十秒就能做到位的呈現！

聯強國際的杜書伍總經理曾説：「紀律」就是專業，「專業」就要紀律。

我們知道「紀律」的英文是「discipline」，但是「discipline」同時也是「專業」的意思。當你可以在三十秒商務簡報的時間控制上展現紀律，在別人的眼中，你就是一個「專業」的商務人士。

BNI 商務簡報時間會有一位會員負責計時，三十秒時間一到，就會有一聲鈴響。關於三十秒的時間掌控，Ivan 博士曾開了個小玩笑，他説：如果有一對伴侶在廚房講話，這時候烤箱或微波爐「叮」了一聲，老公和老婆就立刻坐下閉嘴不講話……代表這兩位都是標準的 BNI 會員！

透過 BNI 商務培訓和在 BNI 商務晨會每週的演練觀摩，BNI 將讓商務人士更能自信的展現專業，不用再透過喝酒應酬拿訂單，透過專業展現贏得信任引薦，改變全世界做生意的方式！

ABoCo 的人際錦囊

三十秒 商務簡報的好處：

1. 可以「創造信任」

2. 可以忠實傳達你的「夢想與信念」

3. 呈現你的「光芒與能量」

4. 可以讓會員知道如何與你的「產業緊密結合」

5. 可以讓每位會員盡心盡力為你「引薦客戶」

6. 成功的三十秒商務簡報必須「不斷的操練」

7. 你越認真，別人就越當真！

4.3

鏈接關鍵資源：
一對一深度會談

參加 BNI 商務晨會的來賓常會有這個疑問，只有九十分鐘的會議，為什麼會可以創造這麼多的生意引薦？

原因是他們沒有看到在會議之後，會員還會做一件事，就是「一對一」會談！

每位加入 BNI 商務晨會的會員都會承諾每週至少要找一位會員做四十到六十分鐘的「一對一」會談，第一次一對一會談的地點最好安排在受訪會員的公司，因為透過實地的訪查才會有更深入的了解，產生更深度的信任。第二次的一對一則常會安排在每週開會的場地在會後進行，就可以節省彼此的交通時間。

在 BNI 台北市中心區，推動「單向的」一對一，又稱為「付出者的」一對一，當會員 A 主動找會員 B 做一對一時，是帶著「我要了解會員 B 的產品或服務和幫助會員 B 事業成長」的心態出發，因此在一對一的過程中不會推銷會員 A 自己的產品或服務，在四十到六十分鐘內完全聚焦在會員 B 身上。

如果分會有五十位不同行業的會員代表，每一週只找一位會員「一對一」，那就需要一年才全部會輪完，所以當有會員願意找你進行一對一時，你一定要有充分的準備，這是讓會員對你建立專業信任的最好機會。

會談是雙向激盪

一對一前，會員 A 要準備好什麼呢？

加入 BNI 分會後，可以透過 BNI 會員培訓和分會的導師來協助會員完成一對一時需要先準備好的各種文件與表格，讓第一

次一對一會談更有效率，其中包含：你的目標、成就、興趣愛好、人際關係、專業技能、產品或服務、獨特銷售主張、目標市場、代表性客戶、關係最密切的行業、好的、理想、夢幻引薦是什麼？當遇到你的潛在客戶，我們怎麼幫你做引薦……等等。

三十秒商務簡報和一對一有什麼不同呢？

三十秒商務簡報會帶來很好的效果，不過它是靜態的，主要是單向的，好像是你在對一個團體說話。如果你訴求正確，並提出明確的引薦對象，有時是可以得到引薦，它的功效也很好。

但是，當你坐下來進行一對一會談的時候，事情就開始發酵了；你建立關係，建立信任，並相互熟識，所有這些事情在三十秒鐘的單向報告是不會發生的。做完一對一會談之後，有可能原來你並沒有期待的對象，突然間你從那得到了期盼中的夢想引薦。

一對一像是一個對話，它是動態的，我對你說些什麼，你對它做出反應，接著我反過來回應你，結果我們雙方會發現彼此進入到一個非常不一樣的境界。沒有什麼可以像一對一的會談，那麼有效地打開夥伴們彼此的業務觸角，激盪出新的機會或想法、記憶，那甚至是與會者都不曾知道存在的火花。

當你完成了整個分會夥伴的一對一會談後，不要停在那裡。請繼續跟進做第二輪的一對一會談，你會驚訝它帶給你的好結果。

因為你在第一次談的內容有的會發酵，有的則是慢慢地消失了。所以當你們再次坐下來一對一會談時，突然間，所有的訊息又再次得到鏈結。在上次會談基礎之上，你又提供夥伴對你業務

不同的認知。

三十秒的商務簡報，是商業引薦能力的基本篇，也是個開始。但是如果你想更深入到高階的商業網絡篇，那就是一對一了！如果其他會員沒有與你做一對一的訪談，會員就永遠不會有機會了解或學到你沒有預期的事情，更不可能知道如何幫你引薦和產生持續為你引薦的深度信任。

而如何讓會員願意找你做一對一會談呢？最簡單的方式就是在「三十秒商務簡報」時間展現你的專業，這會讓會員想要再多了解你一點，主動向你邀約一對一會談。如果你不重視三十秒的專業呈現，相信其他會員也不想多花一百二十倍的時間來了解你「三十秒商務簡報」的加強版。

每一次你給出一個引薦，同時也押上了你的名聲，因此「信任」在引薦過程中是很重要的，BNI 可以透過跟會員的一對一會談，縮短彼此建立「信任」的時間。越多的一對一活動等於越多引薦。

如果要達到有結果的一對一，需要兼顧結構化與社交化兩方面。如果一對一會談過程中，發現彼此在專業與個人的領域興趣上有交集，這樣的一對一將會更成功。要發覺彼此共同的交集，BNI 在一對一使用的 GAINS 表格（Goals ／目標、Accomplishments ／成就、Interests ／興趣愛好、Networks ／人際關係、Skills ／技巧），就是一個有效的工具。

一對一會談的次數與給引薦單和收到引薦單是有明顯關係的。那些每個月做三到四次一對一會談的會員所給出與收到引薦的數量是那些只做一次或少於一次會員的兩倍。

八個問句

同為商務人士，可以想像得到彼此的時間都很珍貴，因此一對一的訪談必須要快速且精準，提供以下八個問句，重點整理如下：

	問句	目的
1	等一下的訪談約四十分鐘，因此與訂在 X 點 X 分結束，可以嗎？	明確訂出時間長度，方便雙方安排後續的行程
2	加入 BNI 之後，你所設定的業績目標是多少？	了解雙方對 BNI 的期待，以及在本業的過往表現、未來目標等等
3	過往服務過的客戶中，最喜歡的客戶是什麼類型的？為什麼？	了解對方期待的客戶，以便在未來引薦時可以更為精準
4	你的服務或產品有什麼競爭優勢？與同業間的差異化是什麼？	了解對方公司的特色，每個與同業差異的點，都有機會可以成為很好的介紹詞
5	我如何對外介紹你以及你的公司？	請對方提供關鍵話題，以便在對外引薦時可以有明確的切入點或良好的溝通話題

6	你希望我介紹什麼樣的朋友到 BNI 商務晨會當來賓，為你做關係引薦？	問清楚對方所需要引薦的產業或領域，以及需要的人脈，方便後續鎖定邀約來賓的範圍
7	下一個一對一會談的對象想找誰？何時展開對談？	了解並協助受訪者找到近期最適合一對一的對象。
8	還有什麼我能幫你的？	總結所有問題，並在可以創造「三贏引薦」的前提下，提供 關係引薦、業務引薦、合作引薦。

　　以上八個問句，除了在 BNI 非常好用之外，也可以廣泛運用在任何行業、任何領域，其實不論身在任何團體，只要「以誠待人」，一定都可以拉近彼此的距離，獲得經營商務人脈的可觀成就。

成功一對一的七關鍵

一、第一次見面約在會員的公司：

　　約在公司見面可以直接看清楚會員的公司是否真實存在，規模是否符合期待，畢竟眼見為憑，所以第一次一對一會談最好是約在公司內進行。

二、時間長度要控制好：

第一次一對一的時間建議是 40 到 60 分鐘，因為一對一是以商務引薦為前提，為了增加專業熟悉度所進行的會晤，絕不是休閒類型的聊天，所以時間如果拉太長，對彼此都是種負擔。有些資深的會員一開始進行一對一就先拿出碼表倒數計時，是一個值得推薦的方式。

三、不要約吃飯時間：

如果感情特別好的話，當然可以餐敘時順便一對一，但若是以連繫商務機會為主，那最好的時間建議是避開用餐時段，唯有如此才能專注在該討論的事項上，而無須分心用餐。

四、準備好再開放會員對你做一對一：

沒有準備好的一對一會浪費邀約者的時間，也讓自己的專業信任度大幅下降！如果你還沒有準備好如何有效展現自己的專業，並透過有系統的方式培訓 BNI 會員在四十到六十分鐘的時間了解你的專業、優勢以及如何幫助你介紹生意，建議先不要開放會員找你一對一。

在此之前你可以先去找資深的會員做一對一會談，然後從中觀察資深會員是如何透過一對一來做專業展現與培訓、建立信任，然後優化自己的一對一內容，等準備好了，再開放一對一。

五、聚焦事業、不談八卦：

商務人士時間寶貴，如果有人想要了解你的行業，幫助你的事業成長，找你做一對一，但訪談時沒有聚焦在你的事業，卻去談論分會其他會員的八卦，討論對你建立專業信任度沒有關係的議題，這是非常不智與可惜的一件事！

在 BNI 一定要聚焦、聚焦、再聚焦！

六、付出者的一對一：

BNI 台北市中心區所推動的「單向」一對一，指的就是在四十到六十分鐘內，由被邀約一對一的會員闡述自己的專業，前半段的時間像是行業培訓教學一般，傾囊相授是必要的，而邀約方則努力了解對方的專業，負責專注聆聽並記下重點，學習如何為這個行業引薦、把對方賣出去。後半段的時間則可以有雙向交流互動，透過了解對方專業後的彼此激盪，創造可以為對方帶來關係引薦、業務引薦、合作引薦的機會。

當你的付出讓對方感受到了，自然就會主動來找你一對一，換他來學習如何把你賣出去！

七、持續不斷的多輪一對一：

以上的建議是指會員之間「第一次」進行的一對一的最佳模式，如果第二次以後進行一對一，則可以依照彼此的狀況，做更

適合的調整，持續進行多輪一對一，和 BNI 會員建立長期有意義的關係，你會驚訝的得到一對一帶給你的好結果！

ABoCo 的人際錦囊

對於工程師背景出身的我言，一對一有四個層面的好處：

第一是我建立了一個自己事業的「四十分鐘商務培訓系統」：當 BNI 會員來找我一對一會談時，我能在四十分鐘內有效的培訓會員了解我的行業、我的專業、建立對我的信任、知道我需要什麼客戶、更透過我的培訓讓 BNI 會員知道如果遇到我的潛在客戶，要怎麼引薦給我。這創造阿寶哥的公司有百分之四十的業務是來自 BNI 會員給我的引薦。

第二個好處，是我透過 BNI 一對一了解了數十個行業的商業模式、經營秘訣，聽到各種行業不同成功企業家的創業和公司營運經驗，讓我從「專業人士」提昇為「商務人士」，也因為一對一後對很多行業都有更深入的了解，過去不喜歡應酬交談的我，開始擁有很多行業的交談題材，跟陌生人聊天有了有意義的

主題，開始不排斥應酬的交談互動。

　　第三個好處，是當我透過 BNI 一對一會談更了解數十個行業的生態，讓我可以針對不同行業，有不同開發業務的話術與模式，大幅提昇我公司的接案能力，業績更得以大幅提昇！

　　第四個好處，透過一對一 BNI 會員的產業有更深入的了解與信任之後，展開產業鏈的密切合作，開創商務引薦的必然：比方我之前開發的電腦軟體就和分會的電腦硬體維修業代表合作，購買軟體後如果覺得電腦速度不夠快，我總會引薦給分會的電腦硬體維修業代表，電腦硬體維修業代表也會引薦他的客戶購買我的軟體。甚至之後還有教學培訓課程的合作，讓我擁有更多同業沒有的優勢，開創新的藍海市場。

　　BNI 建立了每個行業都有唯一性的商務環境，在這裡只有合作沒有競爭，趕緊透過一對一來建立長期有意義的關係和你的集團式口碑行銷團隊吧！

4.4

帶來賓、
為團隊做關係引薦

電腦工程師背景的阿寶哥在創業後，公司業績能夠有百分之四十來自 BNI 商務引薦平台，最主要的原因之一是：我很會邀約來賓，而且邀約的來賓到 BNI 商務晨會時都會為我講好話，甚至當來賓認同 BNI 系統，成為 BNI 會員，就更會持續的幫我美言、見證甚至代言，於是我的商務信任就從 BNI 分會延伸到來賓背後的人脈。

過去我使用經營人脈的方式是 ABC 人脈經營法，在 B - Bright 每月照亮的部份，都會透過文字敘述與照片補充，持續把身邊 BNI 會員所創造的成功商務引薦故事分享給我換過名片的所有朋友。

邀 請 來 賓 的 心 法

二十多年來，我交換過名片的人數已累積超過一萬八千位，因此在自己分會啟動的成立大會中，我一個人就邀請到六十位來賓在清晨六點二十八分出席會議，分會舉辦擴大「來賓日」活動，也曾一次邀請五十三位來賓，創下了 BNI 有史以來無人能及的來賓邀請記錄。以下，分享阿寶哥帶來賓的關鍵心法和技法：

- ·「我信任 BNI」──是讓阿寶哥能夠持續大量邀約來賓的最大動力。
- ·「堅定的信任」才產生「堅定的力量」。
- · 我不只相信 BNI 對我的公司發展有幫助，更相信連我

這種不喝酒不應酬的人都能有百分之四十的業務來自 BNI，那對交際應酬能力比阿寶哥強的人，幫助會更大！

「利他」是邀約來賓最重要的心法，在邀請來賓時有三個考量的點：

· 思考 BNI 團隊可以幫助什麼樣的來賓
· 思考什麼樣的來賓可以幫助 BNI 團隊
· 思考什麼樣的來賓可以幫助到自己

如果思考的順序是【來賓】→【團隊】→【自己】，就是「利他」的思考模式。因為帶來賓可以為會員和來賓之間做「關係引薦」，透過你願意分享背後的人脈，讓整個團隊因為你的信任延伸而創造出更多商務合作的可能性。

不過即使是以「利他」為出發點，在初期阿寶哥邀約來賓也是有遇到一些挫折和瓶頸，因為我過度熱心，把 BNI 講得太好，碰到朋友就講 BNI，導致還有人誤會我參加的是傳直銷組織，也曾經透過 Line 的文字對話對剛認識不久的朋友分享 BNI，過度直接，還有人把我封鎖的狀況。

有了這樣的挫折和瓶頸，讓我思考如何做有效的溝通，才可以讓人取得信任！我開始學會不要遇到人就一股腦講完 BNI，而是從先了解他們開始，是否需要更多生意？從哪些管道可以獲得生意？還需要哪些商務資源？我分會的 BNI 夥伴是否可以提供他們所需要的協助？當商務需求碰上 BNI 商務團隊的價值，我

的朋友就很容易被邀約到我的 BNI 分會當來賓,有效率的一次認識我分會所有的行業代表。

從產業鏈接到九宮格合作圖

後來我把到香港 BNI 觀摩所學到的「八大產業鏈接圖」加以優化成為「九宮格產業合作拼圖」,做為帶來賓建立團隊的重要工具:

▲ 八大產業鏈接圖

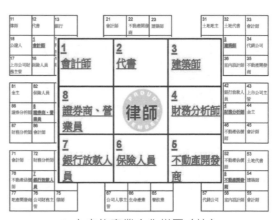

▲ 九宮格產業合作拼圖(註)

最後,關於帶來賓還有一項很重要的觀念,就是如果你邀約的對象拒絕你了,千萬不要輕易放棄,你可以維持關係,並且更進一步地詢問對方能不能「介紹同業」讓我們認識。通常這麼做,常會有意想不到的收穫!

我常看到有會員剛加入 BNI 時,由於分會人數眾多,沒有

人注意到他的存在，不過當他邀請了一位大家都想認識的重量級來賓，或一次集中邀請很多位來賓後，就大大提昇分會會員對他的能見度與信任度，逐漸獲得一對一的邀約機會並開啟業務的引薦。

　　「來賓力」就是「業務力」，當你具備帶來賓的正確心法與技法，接下來要做的就是：行動、優化、再行動！找出一個你最擅長的模式，把帶來賓變成是一種習慣，將對你的事業發展有極大的幫助！

註：有關九宮格在帶來賓建團隊的詳細說明與運用，請參考第五章的 5-4「九宮格產業合作拼圖打造你的夢幻團隊」。

4.5

商務培訓
讓你更快到位

　　學歷代表過去、學習力代表未來，商務信任是需要學習、被教育的，如果能接受適當的商務培訓，將會幫助商務人士更快速的建立商務信任。

　　前面提到「讓商務信任被看見」的其中四個祕訣，包含出席、三十秒商務簡報、一對一、帶來賓。不過，如果沒有接受完整的「商務培訓」，就立即在 BNI 商務平台上運作，你可能像是一位拿著沒有磨利斧頭的樵夫，拚命的亂砍，卻沒有任何成效，甚至還砍傷人。

　　在商務上而言，就是你感覺你對團隊付出很多，但是你的團隊成員並不會對你產生高度的信任，願意用他們數十年的商務信譽幫你引薦生意、介紹背後的人脈。

　　BNI 在申請加入審核通過成為會員後，分會都會很快安排新會員接受培訓，讓新會員有效率的完整了解 BNI 系統，每個月也都會舉辦會員成功培訓和每個會期舉辦領導團隊培訓，透過 BNI 商務引薦系統三十多年累積的經驗，幫助會員和領導團隊可以更快、更有效率的建立信任團隊。

生意引薦的十種等級

　　以生意引薦來說，如何才能讓引薦從「偶然」變成「必然」，這其中有太多的技巧和秘訣可以透過培訓來學習，比方生意引薦可以分成十個等級：

1. 只提供名字和聯絡資訊

2. 引薦人有給潛在客戶你和你公司的資料

3. 潛在客戶在等你的電話

4. 引薦人有幫你給出見證或引薦信

5. 引薦人幫你寫了 e-mail 去介紹你並幫你促銷

6. 引薦人親自幫你打電話

7. 引薦人幫你安排見面

8. 你的引薦人親自帶你去見面

9. 引薦人先幫你評估過潛在客戶的需要和興趣

10. 已經成交，你的引薦人已經幫你把生意談成了

　　如何創造出第十等級的引薦，並且讓這種引薦常常在團隊中發生，其實這是需要學習的，這十多年來，阿寶哥曾到日本、香港、大陸、美國等地培訓取經，就是希望能幫助台灣與世界接軌，一起運用 BNI 國際商務引薦平台，改變全世界做生意的方式！

ABoCo 的人際錦囊

　　商務人士如何快速的建立信任，一直是 BNI 商務培訓所著重的一環，透過五式秘訣不斷提升商務引薦的等級，讓阿寶哥協助你，透過 BNI 的平台，以共好的心態與全球同步邁向商務成功。

生意引薦的十種等級 BNI

americas europe africa asia australasia

1. 只提供名字和聯絡資訊
2. 引薦人有給潛在客戶你和你公司的資料
3. 潛在客戶在等你的電話
4. 引薦人有幫你給出見證或引薦信
5. 引薦人幫你寫了email去介紹你並幫你促銷
6. 引薦人親自幫你打電話
7. 引薦人幫你安排見面
8. 你的引薦人親自帶你去見面
9. 引薦人先幫你評估過潛在客戶的需要和興趣
10. 已經成交，你的引薦人已經幫你把生意談成了

Changing the Way the World Does Business™　BNI台北市中心區願景：成為幫助會員創造最多夢幻引薦的地區

Chapter
5

和 BNI
發生關係

5.1

BNI
商務引薦平台

　　來到 BNI 最重要的目的，就是透過 BNI 商務引薦平台讓自己的事業更壯大！在這裡先定義所謂的「事業」，不見得是要你自己創業或是自己的公司才叫事業，而是你可以一次又一次提供好的服務，或你決定要長期發展的職業或志業，都是屬於自己的事業。

　　BNI 的使命就是幫助會員的事業壯大，所以，你應該把自己的事業與 BNI 做更密切的結合，若能完整運用 BNI 提供的支援與資源，BNI 將會是你壯大事業的利器。

三 大 功 能

　　對於你的事業而言，BNI 有三大功能：業務拓展、情報整合、異業結盟，可以為你的事業充分運用：

一、業務拓展：

　　BNI 是直接做生意的平台，不用拐彎抹角、可以開門見山直接談商務，只要你在自己的行業領域夠專業，可以一次又一次提供好的服務，配合付出者收穫的心態，你為別人引薦業務，別人也會為你引薦業務，口碑引薦有如呼吸般一樣的自然，業務也將因為你比同業多了一個集團式口碑行銷團隊而能夠更快的拓展。

　　特別是有國際商務需求的企業，透過 BNI 國際商務引薦平台，可以和七十三個國家，八千六百多個分會，超過二十四萬位企業代表取得生意上的鏈接。

二、情報整合：

　　現在做生意已經進入情報戰的時代，若單打獨鬥、坐井觀天則無法確實的了解市場需求是什麼。在 BNI 會議有數十位不同行業領域的專業菁英，每個行業每週都會在 BNI 商務晨會中提出所屬行業的最新情報，透過這些情報來幫助公司了解市場需求動向，甚至透過這些情報創造出全新的藍海市場提昇利潤，這不就是各個企業夢寐以求的嗎？此外藉由與 BNI 會員夥伴的一對一商務交流中，也可以了解各行各業需求，結合自己的專業後則有機會衍生出各種更貼近市場或甚至新創的產品或服務。

三、異業結盟：

　　這是 BNI 稍微進階的運用方式，透過結盟可以創造新的商務模式，或交換運用會員夥伴們的現有客戶群、共同採購創造更低成本、共同開發創造單打獨鬥無法承接的業務、更可能因為這個異業結盟產生全新藍海市場，舉例來説：律師、會計師、房仲、地政士（代書）、銀行放款、建築師、土地開發商、建設公司，若沒有結盟，則是各做各的，但這些行業的異業結盟，將可以創造出一個強大的商務合作團隊，是單打獨鬥的個別業者無法與之競爭的。

　　針對共同的目標族群，BNI 會員也常整合為 PowerTeam 產業鏈，如：喜餅廠商、紅酒業者、活動行銷業、花店、蔬果供應商、肉品供應商、餐具供應商……可以結合起來針對「婚宴會

館」，彼此分享現有客戶，做好一條龍到位的整合服務，擴大彼此的市場。

四 大 對 象

根據以上三大功能，接下來我們來談談以創業家、企業主、專業經理人、業務員的角色，如何與 BNI 作結合：

一、創業家：

創業家在創業的過程中，需要各行業各業的協助，比方會計師幫忙做好公司營利事業登記、律師草擬和合作廠商或員工的合約規範、房仲幫忙尋覓公司新址、商辦設計師幫忙規劃辦公室……如果這些可以幫助創業家創業的各行業代表和你都在同一個 BNI 分會，每週至少見一次面，這麼你將會有更可靠的創業後盾。

此外創業家最需要的業務拓展和商品行銷，可以透過每週進行的行業簡報來測試你對產品的說明是否能產生各行業代表的興趣，也可以把你想推出的行銷方案或商品透過一對一讓 BNI 會員夥伴們了解體驗提供建議，沒有任何地方比這邊更容易做市場調查了，BNI 夥伴會針對你的方案或商品服務據實以告，不論是優點或需要再優化的部分，可以讓你的產品與行銷方案更容易讓市場接受，而會員夥伴也更容易體驗到你的商品或服務是好在哪裡，將藉此創造更大來自口碑行銷的生意！

很多創業家在創業前可能是專業人士，如何能夠變成商務人士呢？阿寶哥就是一個加入 BNI 後成功將專業人士（電腦工程師）轉型為商務人士的最好範例，並且創造商務貴人圈得道多助，阿寶哥可以，相信你也可以！

二、企業主：

企業主最常遇到的問題，統稱叫做「盲點與時間」，因為企業在市場上已經可以生存，所以也常常就忘記繼續了解市場變化與脈動，而繁忙的行程中也讓自己許多想法或事情無法實行……

在 BNI 利用每週一個早上即可得到相對應的情報，除業務拓展之外，最應著力的則是在情報整合與異業結盟了，透過情報的蒐集，可以即時性的了解市場變化與脈動，如果有想了解卻不得其門而入的情報，也可透過 BNI 的會員夥伴獲得，而異業結盟則是每位企業主的需求與功課。

以往要結盟，要先行蒐集各行各業運作方式的資料，然後透過自己去努力發想思考，可能可以怎麼做……等，但加入 BNI 後，會員可以透過一對一的會談了解對方的行業，過程中就有產生異業結盟的可能，發揮 1+1>2 的效應，當結盟後交互運用資源的過程中，也可能發現更省時省力的作法，對於企業主來說是一個絕對必要的應用方式，而這應用方式除了每週專心會議議程之外，就是每週可排一個四十到六十分鐘的時間與想要了解的行業代表做一對一會談，就可以獲得更深層的情報、探討更深入的合作模式！

　　對於「超級忙碌」的企業主，透過每週三十秒商務簡報的訓練，可以讓企業主學習講重點、聽重點，加速有效率的商務溝通。更可以透過在 BNI 建立集團式口碑行銷團隊，加快獲得生意的時間，提昇商務效率，省下更多時間，就可以有時間來經營家庭生活和個人興趣。

三、專業經理人：

　　針對專業經理人，除了帶領下屬，還要能夠承接上意，了解老闆的想法。在 BNI 有數十位不同行業代表，透過長期的交流與一對一，不論是公司管理或是營運策略的細節或過程，會員夥伴都能給予經驗建議或情報，而在自己審慎評估後則可加以運用到自己的單位，增加單位績效，為自己創造更大的成就，不僅可以提昇自己的格局視野，便於和老闆溝通，甚至可以把 BNI 的資源變成服務自己人脈、老闆、同事、部屬各種需求的後盾。

四、業務員：

　　業務員有開發新客戶並取得業務的壓力，如何不再辛苦的陌生開發，而是透過人脈的信任引薦就能得到業務，BNI 正是解決這項問題的全世界最大商務引薦平台。

　　業務員參加 BNI 後，可以獲得數十位不同行業的專家達人資源，以往業務員與客戶之間就只談自己負責的業務，現在則可多關心客戶，了解客戶需要幫助的各項需求，幫助客戶引薦背後

在 BNI 可信任的專家達人來解決客戶的疑難與需求，這麼做一方面可以給予 BNI 夥伴業務引薦的機會，另一方面也增加業務員和客戶之間的黏著度。

最容易的做法就是邀請重要客戶到 BNI 商務晨會，讓客戶看到你背後願意支持你的各行業專家達人，瞬間提昇你在客戶心中的地位和影響力！

ABoCo 的人際錦囊

總而言之，加入 BNI 的關鍵點在於「運用 BNI」，而運用 BNI 的關鍵核心則是「你與 BNI 有多緊密」，試著把 BNI 當成自己集團的口碑行銷部門，充分運用集團內的子公司和專業顧問，若你已經是 BNI 會員，那就恭喜你，你可以透過上述方式運用，產生對你事業發展有幫助的成效，若你還不是 BNI 會員，那也恭喜你，你的事業壯大還有無限空間，趕快加入吧！

5.2

BNI 商務引薦
的三種層次

參加 BNI 最重要的期盼就是能獲得「引薦」，引薦有三種層次：

· 好的引薦
· 理想引薦
· 夢幻引薦

以蟲害防治業為例，好的引薦可能能是「單次」除蟲消毒服務，理想引薦是「定期維護」除蟲消毒服務，夢幻引薦是「連鎖商店或大型購物中心」的定期維護除蟲消毒服務。

要能夠獲得「夢幻引薦」，會員對你的專業能力和服務態度一定要有很深度的了解和很高度的信任才能達成，BNI 台北市中心區期盼能成為幫助會員創造最多夢幻引薦的地區，透過找到對的人、做對的商務培訓，才能創造對的商務引薦成果！

每個引薦都有無限可能

加入 BNI 成為會員後的新會員培訓，會協助新會員設定好自己三種層次的引薦，培訓時會特別強調：「夢幻引薦」並不是「很夢幻」的引薦，而是你的事業實力可以承接，但是需要透過有人引薦才容易獲得的好生意。

比方阿寶哥被 BNI 會員引薦到台灣銀行對高階經理人進行

演講培訓，這對我而言就是一種「夢幻引薦」。如果夢幻引薦設定得很夢幻而不務實，比方是要會員引薦你給鴻海集團郭台銘董事長，如果會員剛好有人認識郭董的親戚朋友，可以幫你引薦讓你和郭董見一面，結果反而是你開始心慌，因為還沒有準備好！或者是引薦一筆超乎你事業能力所能承接的大生意，結果你搞砸了，這反而會失去 BNI 會員對你的信任。

如何面對不良引薦？

如果在 BNI 你得到的不是上述三種引薦，而是「不良引薦」，該怎麼辦呢？最好的方式就是依循 BNI 台北市中心區的榮譽典章：

「面對當事人（真誠溝通、對事不對人），直接告訴引薦人，這不是你要的引薦，並在三十秒商務簡報或一對一會談中清楚說明你不要的是什麼，要的是什麼！」

記得阿寶哥到香港 BNI 觀摩分會的時候，一位董事顧問告訴我，有位賣包裝米的會員，在分會常會收到一兩包金額很低的包裝米的內部引薦，雖然得到很多引薦單，不過這種小引薦並不是他來 BNI 真正想要得到的，於是他鄭重在三十秒商務簡報時間告訴大家他希望的引薦的是公司要送禮給客戶或員工的包裝米禮盒，如果是會員要買一兩包自用，就直接到門市買，不用引薦給他。

結果，過了兩個月，他一張引薦單都沒有收到。

不過由於他是一位付出者，也幫很多會員引薦生意，當然其

他會員也有把他放在心上，後來幾個月，就陸續收到有公司要送禮的大引薦單。

ABoCo 的人際錦囊

上述案例告訴我們，設定明確的引薦內容很重要，我們必須在三十秒商務簡報或一對一會談中清楚說明你不要的是什麼，要的是什麼！如果收到不良引薦，也應該直接面對當事人，說清楚講明白。唯有透過明確的定位加上實踐付出者收穫，才有機會反敗為勝！

5.3

讓商機
從偶然變成必然

在任何一個團體，只要願意投入付出，就有可能和團體成員們建立好的關係，獲得生意機會，不過這些商機的發生是偶然的！

三種引薦類型

BNI 商務引薦平台如何把商機從偶然變成必然呢？那就要從 BNI 會員可以創造的三種引薦的類型開始談起：

一、關係引薦

有句話說：「有關係就沒關係、沒關係就有關係」，如何才能找到你想要獲得的關係呢？透過陌生開發是很困難的，透過引薦可以讓你事半功倍！

BNI 所說的「帶來賓」，就是一種「關係引薦」，BNI 會員邀請背後的人脈到 BNI 商務晨會當來賓，在短短 90 分鐘的議程，就可以認識數十位優秀來自不同產業的商務人士，是最有效產生關係引薦、連接商務人脈的最好方式。

二、業務引薦

當透過關係引薦幫助會員和你背後的人脈互相認識連結之

後，如果彼此在業務上有交集，就有可能進一步為彼此創造業務引薦、帶來業績。

三、合作引薦

兩種以上有相關可互補行業的連結，就可以建構合作產業鏈（PowerTeam），以前單打獨鬥無法承接的案子，現在透過產業鏈整合，可以爭取更大的案子，或彼此提供支援與資源，這就是合作引薦，將為你的企業創造更龐大的集團式口碑行銷合作團隊！

比方說，建築工程產業鏈（PowerTeam）包含：建築師、營造廠、代銷公司、代書、律師、室內設計師、園藝景觀、水電工程、消防設備、木工、泥作、油漆、窗簾、地板、LED 燈具、系統家具、磁磚、建材、冷氣空調、氣密窗、音響、家電等等……

每個行業都把自己的專業做好，當其中一個行業有承接到相關商機，整個產業鏈就會一起興旺，如果是自己以前單打獨鬥沒有辦法接的案子，現在透過產業鏈合作，就可以共同承接大案子，並提供客戶一條龍的完整服務，合作將讓生意引薦從偶然變成必然！

「關係引薦」在一般社團、甚至虛擬社群就可能被創造，不過可能只會偶爾發生一次或兩次，如果希望創造的是「合作引薦」讓商機從偶然變成必然並建立長期有意義的關係，BNI 商務引薦平台就是你最佳的選擇！

5.4

九宮格
產業合作拼圖

打造
你的夢幻團隊

前文我們提到，需要透過建立合作產業鏈，才能讓商機從偶然變成必然，接下來我們就要分享如何運用前人的智慧——「九宮格」，來幫助我們構思合作拼圖，打造夢幻團隊！

一位單打獨鬥的律師，如果沒有產業合作概念，在 BNI 獲得的引薦可能就只有法律訴訟案件或法律顧問服務。如果律師運用「九宮格產業合作拼圖」的概念找到會計師、代書、建築師、不動產開發商、銀行放款人員合作，就可以開創事業的新藍海！架構一個口碑式行銷合作集團，這是一般律師無法透過一個人的力量做到的！

在律師的九宮格中，建築師為什麼也會想要加入 BNI 跟律師合作呢？因為我們也以付出者收穫的行動，幫建築師設想，如果有地主、代書、會計師、代銷公司、不動產開發商、不動產估計師、投資銀行也在這個商務合作團隊，一定會讓建築師加入 BNI 團隊後如虎添翼。

如此就可以構成七十二個行業的合作拼圖，扣除重複的行業別，大致會產生五十項合作行業，這也就是為什麼五十個會員以上的 BNI 分會稱為白金分會，因為五十人以上的規模，對於商務合作發展是很有力道的！

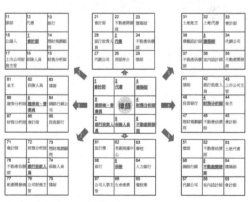

▲ 請參考本章節附件的拼圖，也可以到 http://BNI168.com/999 下載九宮格電子檔，然後根據本節的說明來完成你的合作拼圖！

如何打造
自己的九宮格產業合作拼圖

一、以自己為中心

　　請先填寫最中間的九宮格，以自己為中心，架構出可以幫助你的八個產業，思考與哪些行業合作，可以開創事業的新藍海？

　　可以幫助你的對象包含上游廠商（加入後有助於提供穩定的品質與支援）與下游客戶（加入後更願意提供客戶見證）。

　　九宮格列出的對象，並不是要自己已經很熟識的人脈，而是未來能夠幫助你做大事業的產業或資源，再透過 BNI 幫你建團隊！

二、同時幫合作對象拼圖

　　可以給你資源的人，並不會因為你而想要加入你的團隊！我們必須先架構出可以幫助他壯大的環境，他們自然就會加入！（這就是 BNI 的先付出、後收穫！）若想不出來有哪些產業可以幫助他們，可以電話詢問你在自己九宮格內的八個產業代表。

　　舉例：生命禮儀產業需要養老院加入就能有源源不斷的生意。如果能幫養老院先找到醫院復健科診所或老人輔具供應商等資源，養老院的院長就會很想要加入你的團隊！

三、從七十二個產業列出自己認識的名單

BNI 九宮格產業合作拼圖 全部填滿總共有七十二種行業，一定會有一些行業重複出現在你的合作拼圖，這些重複產業對於你非常重要，一定要找到最好的合作對象！（請統計哪有些行業在九宮格中是重複的，重複了幾次？）

四、分享拼圖、與時俱進、共同壯大合作團隊

請將 BNI 九宮格產業合作拼圖與需要更多生意的朋友分享（而非能夠早起的朋友），告訴對方你正在籌組一個商務合作團隊，如果無法加入，是否可以「推薦適合的朋友或同業」給我們呢？

九宮格產業合作拼圖可能會因為你公司發展方向的調整而有所變化，請記得隨時優化合作拼圖、與時俱進、運用 BNI 國際商務引薦系統、壯大你的合作團隊！

經 驗 分 享

你還可以透過「1.我付錢給誰」→「2.誰付錢給我」→「3.我的朋友或合作對象最需要哪個行業的協助？」這樣的思考方式完成拼圖。

完成九宮格後，請依照產業別列出人脈名單。第一批列出的對象一定是你最熟悉的人，但不一定要最熟悉的人加入你的團

隊，可以和他們討論你的九宮格，請他們推薦適合的人選！

可以把以前曾經交換的名片全拿出來再度檢視，從名片中找到能一起壯大事業的合作夥伴！

列出名單後，請和分會會員討論你的名單，因為你們可能認識相同的人脈，一起邀請成功率更高！現在是人才資源整合的時代，如果你最好的朋友加入的是其他商務團隊，未來他有資源一定不會優先想到你。

請以分會小組為單位，一起找出九宮格中重複最多的行業別，重複最多的就是團隊目前最需要的重點行業。每次會議都可以聚焦幾個行業邀約來賓來參與討論，如果多位同業一起出席同一次 BNI 會議，就可以從中選擇一位最適合的行業代表加入你的團隊！

1 銀行理財業	2 高端旅遊	3 雙 B 或跑車銷售業
8 古董藝術字畫品業	高資產客戶	4 珠寶業
7 雪茄館	6 紅酒商	5 精品業

　　除了使用「上下游產業鏈」來思考的方式，也可以使用「共同目標族群」的方式思考。比方說，如果你需要「高資產客戶」，就可以想想誰也有需要這樣的客戶，如：銀行理財業、基金投資業、房屋仲介業、高端旅遊、遊艇業、紅酒商、雙 B 或跑車銷售業、高級音響、高級寢具、珠寶業、精品業、雪茄館、古董藝術字畫品業……等。假設這些行業代表都在你的 BNI 分會，在信任的基礎下就可以互相介紹彼此的客戶，擴展彼此的市場，也讓你因此和客戶有更多互動的機會，提供更多可信任的資源。

　　如果你是喜餅業者，希望獲得的夢幻引薦是「婚宴會館」，在還沒有九宮格產業合作拼圖的「共同目標族群」思維前，一定不會想到紅酒業是可以跟喜餅業合作的。

　　透過共同目標族群的九宮格分析，你可以知道喜餅業、紅酒業、蔬果供應商、肉品供應商、餐具供應商……等，都是可以一起服務好婚宴會館的合作廠商，不僅可以在信任的基礎上互相介紹彼此的客戶，當有新的婚宴會館成立，就不用再單打獨鬥一家去談生意，而是透過整個團隊的共同資源一起合作承接大案子。

　　當完成「九宮格產業合作拼圖」之後，就可以透過合作圖上的產業別來列名單，邀約來賓的方式會更加精確，聚焦在可以合作的相關產業別，會加快建立商務合作團隊的速度。

　　當你完成屬於自己的九宮格拼圖，就可以很清楚地看出自己的團隊裡還缺哪一個領域的人才，這就可以當成尋找來賓類型的重要根據。九宮格拼圖完成之後，不僅對自己來說很好用，在邀約來賓時也可以直接拿出來給對方看，讓對方了解「你就是我們需要的人」！

為什麼九宮格拼圖會如此好用呢？答案其實很簡單，就是九宮格呈現出完善的計畫與清楚的目標。有了九宮格，對我們自己來說可以感受到「只要照計畫進行，目標即在不遠處」的穩定與安心；對你邀約合作的來賓來說，則可以感受到你的重視，以及事業拓展的可能性；祝福你能善用九宮格產業合作拼圖打造你的夢幻團隊！

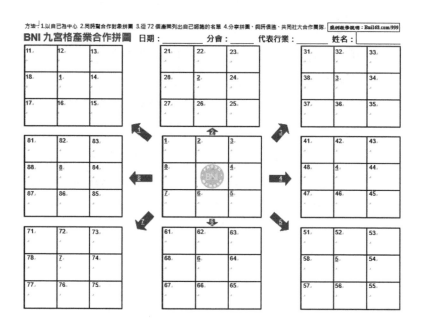

BNI 台北市中心區 20160428 修訂

BNI 九宮格產業合作拼圖 - 我的產業合作名單

產業別	姓名	公司	職稱	電話	聯絡狀況

BNI 台北市中心區 20160428 修訂

請列出「我付錢給誰」的名單

行業別	姓名	公司	職稱	電話	聯絡狀況

請列出「誰付錢給我」的名單

行業別	姓名	公司	職稱	電話	聯絡狀況

請列出「我的朋友或合作對象 最需要 哪個行業的協助？」的名單

朋友姓名	需要服務	提供服務的公司或個人	電話	聯絡狀況

5.5

商務領袖
的榮譽典章

會員榮譽典章

BNI 台北市中心區有一項特色，就是有「會員榮譽典章」。做為參與商務活動的重要依歸與守則，透過榮譽典章，讓會員更有明確的方向來建立可信任的合作團隊，典章共有十項，一一為你說明：

一、我是領袖

因為 BNI 商務晨會有每個行業別唯一代表的特性，所以任何一位會員絕對都是代表自己行業在該分會中的唯一領袖，站在領袖的位置如果能發揮領袖的特質，就能引領整個團隊為你的行業付出，BNI 分會將成為你的最佳口碑行銷團隊！

以下九項就是一位領袖應該具備特質的描述。

二、信守承諾

一位成功的商務人士一定守誠信、重然諾，也唯有信守承諾、言行一致，才可能獲得團隊的信任、建立長期有意義的關係！

三、守時

守時不僅是對於信守承諾的最好觀察，也展現對彼此關係的

重視程度與對時間管理的能力。如果對 BNI 會議不守時，相信對我介紹的客戶也不會守時，守時是商務人士必須具備的基本條件。

四、全程且專注參與 BNI 會議

BNI 商務晨會發展三十多年，在九十分鐘完成二十個商務會議議程，每個議程都有目的與意義，若不能全程且專注的參與，將會影響商務運作的效能。

BNI 商務晨會屬於一種能量會議，你的專注參與將給會議帶來品質的提升與更高的能量，比方說：在三十秒商務簡報的議程，如果每個人不僅重視自己講的三十秒，當別人講三十秒時也能專注聆聽、不會滑手機，當講的人感受到大家都會專注聆聽的重視，一定也會在事前做更多的準備和練習，當此良性循環變成一種習慣和文化，這個會議將是所有商務人士都想參與的。

五、有回應力

關於「回應」這件事情，很重要，但是常常被忽略。

你可以想像當一個熱情滿滿的創業家遇到冰冷沒有任何回應力的合作夥伴會是什麼場景嗎？回應力不佳或是很少人回應的確是讓人變難過的，甚至會讓發言人有不被受歡迎的錯覺，會降低自信，這是負能量的循環。

回應力不只是一種能力，也是一種意願！每一次的回應都會

產生一次能見度，有回應力的語言可以轉換成為信任度，對建立商務信任有絕對性的加分！

六、成為解答者（提出問題同時想辦法找出解答）

沒有絕對完美的團隊，團隊的問題也並不一定可以立即得到解決，如果只會發問，而沒有去思考解答，只會讓問題越來越被突顯，造成自己的能量下降。

身為一位領袖，提問前應該是自己要先想數個解決方案，問的是「哪個方案最好？」有沒有「更高明的作法」？這樣在提問的同時，將提高自己的視野與層次，往領袖之路邁進！

當提出問題時，要設法找出解答，不管是透過自己本能或往上尋求支援，這是領袖在面對問題的基本態度！

七、當責（負責任並創造結果）

負責任是一般成功者做事的基本態度，創造結果則是一位領袖有目標、有策略的行動成果，這就是一種「當責」的態度，能創造結果比負責任有更高層次的自我要求！

八、直接面對當事人（真誠溝通、對事不對人）

人多的團體是非就多，如何降低口舌是非，讓商務運作更有效率，這就需要直接面對當事人、真誠溝通、對事不對人，才可

能做到。

我們常遇到很多事情因為不願意直接面對當事人，產生的誤解就永遠沒有辦法澄清，常常當所有人都把此話題當成茶餘飯後的笑柄，但只有當事人都還不知道狀況，這樣的發展對團隊信任會造成很大的傷害。直接面對當事人需要真誠且勇敢地說真話，但不帶批判與建議。另一位當事人則需要胸懷大肚來接納，這是一門彼此要修行的功課，團隊文化若能塑造出人人都願意直接面對當事人的氛圍，這將會成就一個了不起的團隊！

舉例來說：如果你發現你的團隊夥伴在交談中有口臭，會直接對當事人說嗎？如果會，甚至能用更輕鬆幽默有效的方式提醒，（像是：你一開口，我就聞得出你早餐吃什麼喔！）代表你們之間的關係已經足以建立真誠溝通的團隊！

九、有意願就會有方法

天下無難事，只怕有心人！只要有意願，一定就會有方法，還找不到方法，代表你的意願還不夠高，記得只要有強烈的意願與企圖心，就一定可以找到方法。

十、富而有愛

當你具備了商務領袖的能力，不富也難！這裡指的富，不只是經濟事業上的豐富、還有人際關係上的豐富、領導能力的豐富……等等，創造富有的源頭是需要有愛、有熱情的！因為愛是解

決所有問題的唯一答案！

　　當 BNI 團隊群聚了認同且能身體力行「付出者收穫」的商務領袖，將創造一個富而有愛的商務天堂。

BNI台北市中心區
榮譽典章 (20180901第四版)

- 我是領袖
- 信守承諾
- 守時
- 全程且專注參與BNI會議
- 有回應力
- 成為解答者 (提出問題同時想辦法找出解答)
- 當責 (負責任並創造結果)
- 直接面對當事人 (真誠溝通、對事不對人)
- 有意願就會有方法
- 富而有愛

Changing the Way the World Does Business™　　BNI 台北市中心區願景：成為 培育商務領袖 的搖籃

會員榮譽典章
在 BNI 台北市中心區的實踐與運用

　　BNI 是屬於商務的領導，不是政治的領導，更不是命令的領導，是示範帶動的領導！

　　阿寶哥身為 BNI 台北市中心區的最高領導人，既然推動榮譽典章，當然要成為榮譽典章的示範帶動者！

　　阿寶哥因為有八年的 BNI 會員資歷，對 BNI 實務運作非常了解，於是自己會覺得在講台上詮釋 BNI 時，一定很到位，也會對會員與來賓都很有幫助，於是我就常常講演超時，也不會覺得不妥，甚至以為不會有人有意見的。（後來想想，超時其實也不合乎 BNI 台北市中心區榮譽典章中的「守時」。）

　　直到有一個分會的副主席（代表行業別是律師業）用 Line 私訊告訴我，阿寶哥每次上台講 BNI 都超時，造成了分會領導團隊時間控制上的困擾……

　　我心想：還好！她不是發給我律師函！呵呵！還有救！

　　收到訊息的第一個感覺雖然自信心有點受打擊，不過仔細想，誠心非常感謝她願意直接面對我告訴我，讓我有機會聽到真話來改進，她真是我的貴人啊！我一定要把握住這個機會，做一個更好的改變！

　　運用榮譽典章第九條：「有意願就會有方法」，阿寶哥拿出之前超時的演講簡報檔跟這位律師討論，她分享以來賓的觀點，哪些投影片是可以拿掉不講，或簡化只講重點的。

　　經過榮譽典章五條「有回應力」，我們透過有效率的討論、

彼此回應重點，決定出下次演講的投影片大綱；阿寶哥忍痛拿掉我以前一直覺得很重要，不講不行的「九宮格產業合作鏈接圖」（律師告訴我，這個部分程度比較深入，等來賓加入成為會員後接受培訓再了解如何運用即可）。

後來我發現拿掉此段後，時間節省不少，也因此簡報更精簡有力，聚焦後效果反而更好。透過面對當事人的真誠溝通，我們完成榮譽典章六條「成為解答者」、第七條「當責（負責任並創造結果）」。

我在 BNI 培訓的場合常提起這個「面對當事人」的案例，當會員看到 BNI 台北市中心區的領導人也能面對榮譽典章做帶動示範，而不是說一套做一套，自然會上行下效，形成 BNI 台北市中心區的文化，會員真誠相對，溝通越來越順暢，在如此的團體氛圍下，商務信任自然就更容易建立了！

如果你也是 BNI 會員，你就是分會中你代表行業別的唯一領袖，你也可以率先這麼做，由領袖帶動示範，就可以建立你想要的領袖團隊！

5.6

第一次
參加商務會議
就上手

你有被邀請參加 BNI 商務會議的經驗嗎？如果有，恭喜你！看完這個章節你就會知道價值在哪裡？沒有參加過？恭喜你！這個章節將幫助你在參加的時候就有機會在第一時間串連商機！這裡要與你分享的是一般人不會告訴你的秘密：如何第一次參與 BNI 商務會議，就獲得最大化的效益！

第一次參加商務會議的準備

BNI 商務會議的準備總共分成 出發前、會議前、會議中、會議後等四個階段：

一、出發前

當你出發前一定要「準備好」一個吸睛的行業介紹並充分練習，因為在會議中，你可以站起來拿著麥克風介紹你的行業，時間因分會人數多寡而不同，大約是十到三十秒，覺得介紹的時間很短嗎？試想一下，這個行業介紹就如等同一個精心設計的好廣告，有沒有辦法在很短的時間就引發與會者的興趣和行動呢？

如果你希望有更多時間介紹你自己，可以更早到達會議場所，這樣就有更多時間與數十位跟你一樣提早到的會員和來賓做專業交流。那麼行業介紹要包含的元素有什麼呢？

- 你的姓名或業界封號
- 行業別或公司名稱

- 主力產品
- 尋找合作的對象

　　如果有多餘時間，還可以告訴大家你的代表性客戶或曾獲得的獎項及認證來突顯你的專業；再來，請準備好三十到六十張名片，提供大家後續還可以再進一步與你聯繫的管道。

　　然後，告訴大家有哪些行業別可以和你合作，包括上游廠商或潛在客戶這些都可以，越精準越好。例如：你是不動產仲介業，你希望可以認識地政士或是各社區、管委會總幹事，像這樣的說明，能讓在場的所有會員知道你需要什麼幫助！

　　最後，請穿著商務服裝並請提前到達會場，因為這是一場正式的商務會議，守時是非常重要的。

二、會議前

　　商務會議開始前都有一段自由商務交流時間，越早到達會場就有越多的交流時間，可以聊出更多商機！你準備好的行業介紹現在就可以拿出來運用了，並且遞上你準備好的名片，在 BNI，因為每位會員都有付出者收穫的觀念，所以你可以直接告訴 BNI 會員，你想找哪一些行業做為你的合作對象。

　　貼心小提醒：請不要在商務會議中直接銷售你的商品或服務，因為我們是來這裡創造產業鏈接合作的，而且沒有人喜歡被推銷。

三、會議中

　　BNI 是個重視效率的商務會議，會議中包含二十項議程，節奏明快有效率，在第八項議程，會員有三十秒的商務簡報（秒數視會員人數而有不同，最長為六十秒），你可以一口氣認識所有會員，請在此時專注聆聽，並記錄下來，你可知道會後自己可以和哪些會員再做進一步交流，而在第九項議程，每位來賓可以站起來拿麥克風進行十到三十秒的行業介紹，所以，你準備好的行業介紹就可以拿出來使用。

　　貼心小提醒：當時間到會有一聲響鈴，聽到響鈴請立即停止說話並坐下。這會讓會員們感受到你和他們一樣重視時間與尊重議程！

　　另外，在第十三項議程中，安排了 BNI 會員的十分鐘專題簡報，這個十分鐘專題簡報可以讓你很快速就清楚了解某項產業的精髓。而第十四項議程則是邀請來賓分享今天參與會議的心得，你可以分享今天參與 BNI 會議印象最深刻的是哪個議程，自然說出你的感覺，放輕鬆就好。若是時間夠的話最好還可以感謝一下邀請你的朋友，讓大家感受到你對邀請人的在乎。

四、會議後

　　會議後你還可以留下來做更深入的商務交流或餐敘，在會議中的會員每週三十秒簡報議程，你應該已經找到你有興趣了解或合作的會員了！這時請不要客氣或不好意思，請務必告訴邀請你

參加會議的邀請人，你想要更進一步認識哪些行業別代表，我相信他一定會很樂意幫你引薦！

若你在這之前就被其他會員包圍了，那恭喜你！代表你的行業介紹夠精彩，大家想更了解你或你的行業，就請你盡量發揮專業吧！

如果你想要跟這群會員夥伴建立長期有意義的關係，希望加入成為 BNI 會員，也請務必告訴邀請你的朋友，他會介紹你給分會的秘書財務，並協助你填寫入會申請書，如果你具備夠專業、想做大、肯付出的特質，並經會員委員會面談審核通過，將可以排除競爭對手，成為該分會的唯一行業代表。

如果在該分會中，已經有你的同業，造成你無法加入，也請你一定要填寫入會申請表，這樣分會才能透過 BNI 董事顧問幫你安排到其他還有行業缺額，需要並適合你的 BNI 分會。不喝酒應酬的人脈達人阿寶哥是 BNI 台北市中心區的執行董事，一定會幫助夠專業、想做大、肯付出的你找到一個最適合的 BNI 分會。

Chapter

6

從商務人士
到商務領袖

6.1

往商務領袖之路
邁進

　　「專業人士」有能力解決問題，「商務人士」透過與人合作讓專業發揚光大，「商務領袖」則能帶動一群志同道合的夥伴為共同的目標合作前進，並獲得成果！

　　「商務領袖力」就是「生意力」，以下章節將與你分享如何從「專業人士」轉型成「商務人士」再升級往「商務領袖」之路邁進的親身經歷！

　　接下來我將分享個人在青商會、扶輪社及獅子會的經驗，供所有對這三個社團有興趣的讀者做個參考。

在 JCI 青商會的收穫

　　當時，大學畢業後剛出社會不久的阿寶哥，希望能跟優秀的商務人士貼身學習，因此選擇國際四大社團中最適合年輕人的 JCI 國際青年商會見習。

　　我很喜歡「青年學府、領袖搖籃、訓練自己、服務人群」的青商會理念，透過社區服務來訓練年輕人做事的能力。不喜歡應酬、喝酒的我，每當有社區活動如捐血義診、社區文化尋根之旅等，總會出人出力透過付出來自我訓練學習，活動後的慶功宴，則有點不適應，希望早點結束趕快回家設計電腦程式。

　　因為願意付出，讓青商會的長官貴人們看到了我，給予我許多職務歷練、提攜，讓阿寶哥有機會成為 JCI 台灣青商總會副總會長，甚至擔任十大傑出青年當選人聯誼會副總幹事，有六年的期間可以貼身向宏碁集團創辦人施振榮董事長、台灣大學陳維昭前校長等歷屆十大傑出青年服務並學習，也感謝這兩位企業界和

學術界的前輩在我出版「把陌生人變貴人：阿寶哥教你平民翻身的人脈學」一書時署名推薦，讓我的書籍有更好的銷售成績！

在參與青商會十多年的期間，雖然沒有對我的生意有直接的幫助，不過卻開啟了我的視野，讓阿寶哥學習，從一位電腦工程師透過社團付出來廣結善緣，透過社區服務來訓練自己往社團領袖之路學習邁進，更讓我有機會在青商會的國際活動中認識阿寶哥的另一半——阿寶嫂，我非常感恩！

青商會是一個注重培訓的團體，阿寶哥不僅常上課接受培訓，後期也選擇往青商會內部講師發展，在青商會會員期間，當受邀到各分會或區域演講培訓，我不收講師費，改用贊助捐款收據取代，把授課分享當成是一個廣結善緣的機會，並藉機一次又一次提昇自己演講分享的能力，也透過與青商菁英的交流和回饋，獲得寶貴的經驗與企業對電腦教學的真實需求，優化我在電腦補習班兼職授課時的課程內容，從 Office 軟體教學提昇到電腦整合應用教學，因此大受企業和學員歡迎，進而出版書籍《數位文件管理達人》，同時大幅提昇我的講師鐘點費。

透過青商會「訓練自己、服務人群」的歷練，過了四十歲之後，阿寶哥因年齡超過會員限制從青商體系畢業，為了避免不收講師費影響新生代青商講師的發展，我改變策略，設定超過一百人以上的青商會主辦演講會回捐講師費，超過三百人的演講，不僅不收講師費，連高鐵交通車馬費也由阿寶哥自行負擔，這樣的改變，讓想找阿寶哥演講的分會更用心招生，擴大分會和講座的影響力，也是一種對會員能力的養成，成就「青年學府、領袖搖籃」，在青商會的訓練，將累積自己做事的能力，對商務的同步

精進是有幫助的。

在 Rotary 扶輪社的心得

扶輪社是商務領袖薈萃的優質團體，社友們在事業有成後，還願意透過公益服務來回饋社會，實在令人欽佩！

在扶輪社演講六十一場後，我有幸正式成為南鷹扶輪社創社社員，能夠加入百年國際社團，阿寶哥深感榮幸！

最初，因為常受邀到扶輪社演講，阿寶哥感受到扶輪社的優質，也對學生跨國交換計畫或許可以幫助阿寶妹能有更不同的國際觀思維……當時我曾想，加入扶輪社是等阿寶哥事業更好更穩後，遲早會發生的事！

本來預計五十五歲以後再參加扶輪社交朋友做公益，如果時間提前，最早也要等到五十歲！

沒想到南鷹扶輪社 CP（創社長）Catherine 的一個創社初衷，讓阿寶哥提前九年參加扶輪社！

CP Catherine 說，她創社要找的對象是「一群可以成為一輩子朋友」的人，能力固然很重要，不過「品格和善良」才是她邀請加入的關鍵！而且我發現 CP 找的對象即使在自己的行業領域專業能力很強，依舊熱衷學習進修！ CP 的理念與期盼與阿寶哥非常一致！

很多好友組成的團體，感情或許很好，不過因為沒有彼此的「承諾約束」，所以沒有維持很久就散了！

最好的方式是約定能「定期的聚會」，並一起做「有意義的

事」！

　　CP Catherine 用「扶輪社的框架」，讓大家一個月可以齊聚兩、三次，縮短冗長的議程，找優秀的講師，增長演講時間，讓南鷹扶輪社這群喜歡學習的社友每次聚會都有收穫！

　　南鷹扶輪社在兩個月內召開三次籌備會議後，於二〇一六年十二月九日正式成立，我們有二十九位優秀的創社社友，阿寶哥以身為南鷹社友為榮！

　　BNI 和扶輪社是可以相輔相成的，阿寶哥將把在 BNI 生意做得很好的會員，推薦到國際扶輪社做公益，也可以把希望生意還想做得更好更大的扶輪社友介紹到優質的 BNI 分會！ 透過「生意＋公益」讓台灣被看見，創造富而有愛的商務天堂！

Lions 獅子會與我

　　阿寶爸（阿寶哥的父親）是一位非常資深、獅齡超過四十年以上的獅子會會員，父親是在獅子會中倍受尊敬的老獅子，最大的原因是父親只熱心投入社會服務推動公益，完全都不會提到自己的公司商務，我從小就耳濡目染父親在獅子會的點點滴滴，阿寶哥非常感謝父親言行一致的身教，身教是最好的示範！

　　雖然阿寶爸在獅子會有豐沛的人脈，但是都只用於推動社會公益，不會提及自己的公司甚至是推薦他兒子的商務，所以即使阿寶哥在二〇〇〇年已榮登管理雜誌五百大華語企管講師，之後的十年之間都不曾受阿寶爸推薦到獅子會演講過！

　　阿寶哥的第一場獅子會演講是在二〇一〇年，由於我參加中

華華人講師聯盟並有機會被提攜成為連任兩屆的秘書長（詳見：ABoCo 沈寶仁著作《第一天上班就該懂的人脈經營學》城邦布克文化出版）。

我的貴人──華盟首屆理事長林齊國（典華幸福機構創辦人兼學習長、台灣獅子會總監、國際理事）邀請我到國際獅子會講師發展學院（FDI）聯誼會演講，不到獅子會演講則已，第一次受邀，就能向全國獅子會的上百位講師菁英演講，也因這次演講後的口碑相傳，擴展阿寶哥日後能受邀到各地獅子會演講，分享如何不喝酒應酬經營人脈創造貴人的機會。

由此看來，阿寶爸可以向獅友大力推薦自己兒子的演講卻沒有這麼做，是因為他信奉獅子會的核心價值是社會服務，而不是商務或藉此獲得個人或家庭利益！透過服務社會來建立與獅友之間的友誼，這是多麼珍貴的寶藏！

每個團體都有最重要的核心價值，如果能夠融入核心並發揮價值，相信就能在團體中有良好的發展並受人尊敬！

6.2

一起來
BNI 商務晨會

　　清晨六點二十八分，看到一群被夢想叫醒的商務人士已經精神飽滿準備好，透過有效率的商務晨會迎接能量滿滿的一天，彼此的交流對話，都是以「付出者收穫」為核心，透過「我能為你做什麼」的思維直接開啟商務對話，因為 BNI 的使命就是幫助會員事業成長，藉由一個有架構、正向的、專業的口碑行銷系統平台，使會員能與優秀的商業人士，建立長期有意義的關係。

　　商務人士最需要事業成長，BNI 商務引薦平台的存在，就是聚焦在這件事情！方式就是幫助會員能與優秀的商業人士，建立長期而有意義的關係。因為有意義，所以投入是有價值的；因為長期，所以參與越久，商務信任累積越深，商務引薦效果越大！

BNI 商務晨會有三項特色

一、早會

　　我們是一群被「夢想」叫醒的企業家，一早六點二十八分就打卡合照自由交流，七點到八點三十分進入正式會議，這個時段不會塞車，客戶更不會在這個時段找你，所以只要有意願，一定可以準時出席，並在沒有客戶打擾的狀況下專注商務會議，創造商務效能。

二、唯一

　　一個行業（專業）一位代表，如果你是律師，就是分會唯一

的律師；如果你是會計師，你就是分會的唯一會計師。

三、合作

如果被審核加入
分會後，你的競爭對
手將被排除在外，在
BNI 只有合作沒有競
爭。

這三項特色，讓
一位專業人士可以透
過 BNI 商務引薦平
台與優秀的商業人

士，建立長期有意義的關係，而且是只有合作沒有競爭，可以讓
自己的事業更好更大！

BNI 的商務價值除了保障「你是唯一」的行業資格，更可以
讓你獲得數十人的銷售團隊，因為你所屬分會的其他行業會員，
也是認同付出者收穫的商務領袖，在信任的基礎上，透過你的一
對一培訓，就會了解你、喜歡你、信任你，把你放在心上，成為
你的最佳行銷總監。

你可以與各行各業的老闆建立長期有意義的關係，分會中
的會員夥伴當你的智囊團與後盾是 BNI 提供的附加價值。因為
BNI 每月都有商務培訓，培訓後每週都可以透過商務晨會做實際
的商務操練（例如：三十秒每週簡報、十分鐘專題演講），因為

BNI 擴及七十三個國家，超過八千六百個分會與二十四萬二千位會員而且持續增長，將幫助你建構全台灣、全世界的人脈與資源。

最重要的是，加入 BNI 後你將不再陌生開發，開始可以透過引薦得到生意，因為你已經不再是單打獨鬥，而是擁有商務合作團隊的 BNI 會員！

6.3

共創富而有愛的
商務天堂

　　想從「專業人士」透過做生意轉型成「商務人士」再升級為「商務領袖」？領導力是身為一位商務領袖必須具備的。成功商務領袖所具備的領導力是因為「頭銜大」還是「關係好」？或是有「好的成績」吸引很多人願意跟隨，還是「培育了許多人才」進而受人「尊重」呢？

　　約翰‧C‧馬克斯韋爾（John C.Maxwell）在《領導力的五個層次》中提出，真正的領導力不在於擁有一個職位或頭銜，事實上，這只是領導力五個層次中最低的一個層次。

　　身為一個公司的負責人或主管，會讓員工或同事跟隨，很可能是因為你有實質的權力，可以決定他們的薪水或工作，讓他們不得不聽你的！

　　如果你能真心關心員工和同事，和他們培養良好的關係，讓他們喜歡你，就可以到達領導力的第二個層次。

　　如果你能夠做出良好的成績，讓更多人願意追隨你、向你學習，這是領導力的第三個層次。

　　如果你在組織中提供學習成長的環境，培育更多人才，你的團隊就會開始壯大，影響力就會擴散，這是領導力的第四個層次。

　　很多領導人永遠是組織中的第一名，追隨者怎麼努力都無法超越，這樣就無法培育更優秀的人才，好的領導者並不一定自己都是第一名，而是能讓追隨者看到希望，培育更多能夠超越自己的領導人！

　　領導力的第五個層次，就是即使離開了這個團體、沒有任何頭銜，還是會得到大家的感謝與尊敬。

以阿寶哥為例，當我擁有「BNI 台北市中心區執行董事」這個頭銜，一定會有會員是因為我站在有三十多年歷史的 BNI 商務引薦平台的重要職務上，尊敬我的頭銜。

接下來如果要提昇我的領導力，就一定開始要經營和會員的關係，因為會員不會在乎阿寶哥有多厲害，直到他們感受到阿寶哥有多麼關心他們為止，當阿寶哥建立和會員良好的關係，就會對他們有影響力，達到領導力第二個層次。

有好的關係，如果能再創造有好結果（在 BNI 是指幫助會員獲得豐盛的引薦或在商務領導力的收穫），就可以進階到領導力的第三個層次。而阿寶哥的期盼就是能夠讓「BNI 台北市中心區」成為幫助會員創造最多夢幻引薦的地區，就是要讓「付出者收穫」能夠產生結果。

很開心，在阿寶哥接任執行董事後，BNI 台北市中心區已經創造數億元新台幣的商務引薦成交金額，為提昇台灣經濟的 GDP 貢獻心力。

合作才會致富

阿寶哥的能力再強，如果沒有吸引優秀的人才一起共力，這樣的志業一定會做得很辛苦，組織的影響力也有限，所以要開始培育更多人才。很多領導人忌諱部屬比自己強，切記：「忌妒是貧窮的開始。」身為商務領袖一定要以培育更多優秀的領袖為職志！讓我感到開心的是，已經有比阿寶哥更優秀的企業家、大學教授都加入了「BNI 台北市中心區」董事顧問＆大使團隊，讓我

們一起為改變全世界做生意的方式、創造富而有愛的商務天堂而努力！

　　BNI 長安分會是阿寶哥在 BNI 建立的第一個分會（會取名長安，是因為阿寶哥的女兒也有一個「安」字，我幫助長安分會就像是培育自己的兒女般），由於當初對於入會篩選非常嚴格，從早期 BNI 是以業務員為主力調整到以企業家或企業第二代、高階決策者為主，從不到十位的創會會員為核心，發展到超過 36 位會員後成立分會，由於會員素質優良與分會基礎穩固，當阿寶哥接任 BNI 台北市中心區，離開輔導長安分會的位置後，長安分會不但沒有衰退，反而成長至五十人的白金名人堂分會，人數一度更超越六十人，並創造連續多年全台灣 BNI 人均引薦金額最高分會的佳績！

領 袖 力 就 是 生 意 力

　　在離開長安分會董事顧問三年後的一次全台灣培訓課程中，很高興聽到長安分會的會員還特別公開感謝我，因為阿寶哥當初為長安分會種下好的種子，所以歷經多年還有好的發展！阿寶哥想，我是不是做到了領導者的第五個層次，離開後還受人尊敬呢？

　　這五個層次不是自己說了算，而是由別人來認定，不同的人對你也會有不同的認定，比方說，我對 BNI 長安分會的創始會員來說，或許已到達第五個層次，但是對於剛入會的長安分會新會員來說，因為不曾經歷當初創會的過程，甚至根本沒聽過我，

所以我在他們心中連第一個層次都沒有。

　　阿寶哥將持續在領導力的五個層次中修煉，領導力的提昇是需要持續操練、終身學習精進的一件事！

　　當了解領導力的五個層次，阿寶哥深深覺得，領導力就是領袖力，領袖力也是生意力，當「生意人」升級為「商務人士」若能再培育成為「商務領袖」，群聚各行各業的「商務領袖」，就能打造富而有愛的商務天堂，這就是「BNI 台北市中心區」的願景！

BNI 台北市中心區願景

一、成為生意人都想加入的商務組織

　　生意人最想要的就是能獲得更多生意，BNI 是全世界最大的商務引薦平台，BNI 台北市中心區將為生意人創造一個最佳的商務環境，讓「夠專業、想做大、肯付出」的生意人都可以透過 BNI 獲得豐盛的引薦與學習商務領袖力！

BNI台北市中心區
願　景
1. 成為生意人都想加入的商務組織
2. 成為培育商務領袖的搖籃
3. 成為富而有愛的商務天堂
Changing the Way the World Does Business™　　BNI 台北市中心區 http://BNI168.com

二、成為培育商務領袖的搖籃

領袖力就是生意力，「商務人士」要轉化成為「商務領袖」是需要時間培育的，BNI 分會一個行業一位代表，每位會員都是代表該行業在分會的最高領導人，透過在 BNI 組織擔任分會領導團隊、BNI 大使、BNI 董事顧問，將培育更多商務領袖，一起改變全世界的經商之道！

三、成為富而有愛的商務天堂

透過 BNI 商務引薦組織創富，不只是經濟事業上的豐富、還有人際關係上的豐富、領導能力的豐富……等等，創造富有的源頭是需要有愛、有熱情的！當 BNI 團隊群聚了認同且能身體力行「付出者收穫」的商務領袖，將創造一個富而有愛的商務天堂。

歡迎認同「阿寶哥」和「BNI 台北市中心區願景」的生意人能加入 BNI，一起往商務領袖之路邁進，共創富而有愛商務天堂！

◀ 立即掃描 QR-Cord，進入阿寶哥的 BNI 商務天堂

附錄

附　錄

我是晨型人

——商務領袖 Line 貼圖

　　ABoCo 為推動「早起，把生意做大」所提供晨型人商務領袖之專屬貼圖，包含榮譽典章、團隊激勵 ... 等會陸續發行更多商務領袖經常用語的 Line 貼圖，請密切關注。

下載網址：

https://store.line.me/stickershop/author/493943/zh-Hant

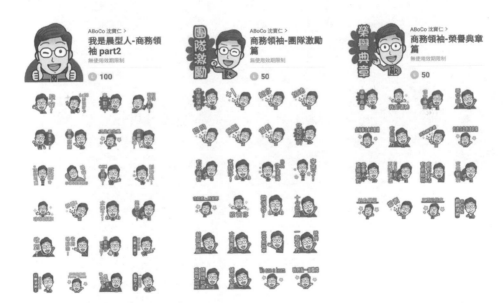

附　錄

建立團隊
實踐夢想

您是被「鬧鐘」叫醒還是「夢想」叫醒呢？

在往夢想前進的道路上，您是「單打獨鬥」還是有一群各行業菁英可以支持你，幫助你達成夢想呢？

如果阿寶哥可以幫助你，建立一支數十位來自各行業菁英，不用支付佣金與薪水的商務支援團隊，是否會讓您更有前進的力量呢？

沒有傭金薪水要帶動一群行業領袖比帶領有支薪的公司員工難度更高，需要具備商務領袖力。

「成為培育 商務領袖 的搖籃」是 BNI 台北市中心區的願景，也是阿寶哥的職志，如果您想從「專業人士」轉型到願意與人合作的「商務人士」，甚至透過在 BNI 商務平台的操練，培養成為具備領袖力的「商務領袖」，歡迎在閱讀完本書後，登錄以下網址，將可以安排觀摩 BNI 分會或參加 BNI 台北市中心區商務領袖交流論壇，一起改變台灣的經商之道！

商務領袖交流論壇登錄網址：http://BNI168.com/Leader
或透過加入 Line ID：@ABoCo 直接聯繫

【渠成文化】鑫創富 007

早起，把你的生意做大！
從交際到交心的晨型人脈商務學

作　　　者	沈寶仁 ABoCo
圖書策劃	匠心文創
內容協力	郭敏華、陳英瑋
發 行 人	張文豪
出版總監	柯延婷
執行主編	李喬智
編審校對	蔡青容
封面協力	L.MIU Design
內頁編排	邱惠儀
E-mail	cxwc0801@gmail.com
網　　　址	https://www.facebook.com/CXWC0801
總 代 理	旭昇圖書有限公司
地　　　址	新北市中和區中山路二段 352 號 2 樓
電　　　話	02-2245-1480（代表號）
印　　　製	鴻霖印刷傳媒股份有限公司
定　　　價	新台幣 350 元
初版一刷	2018 年 10 月

【註】本書部分資訊、表格，引用自 BNI 台北市中心區教育訓練素材。

ISBN 978-986-96927-3-1

國家圖書館出版品預行編目（CIP）資料

早起，把你的生意做大！從交際到交心的晨型人
脈商務學 / 沈寶仁ABoCo著. -- 初版. -- 臺北市：匠
心文化創意行銷, 2018.10
　　面；　公分. --（鑫創富；7）
ISBN 978-986-96927-3-1（平裝）

1.人際關係 2.成功法

177.3　　　　　　　　　　　　　107016811